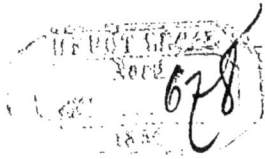

MÉMOIRE

SUR L'ÉTAT HYGIÉNIQUE DE LA VILLE DE LILLE

Au point de vue de l'assainissement des rues, canaux, égouts et de l'approvisionnement des eaux publiques et privées.

PAR MM. BOLLAERT ET GOSSELET

MEMBRES RÉSIDANTS.

———◦§◦———

L'un des caractères les plus remarquables de notre époque, c'est l'importance que l'on attache à toutes les questions qui ont rapport à l'amélioration physique et morale des populations. Parmi ces questions, l'hygiène publique, si méconnue, si dédaignée, si souvent sacrifiée à de misérables sophismes ou à des habitudes vicieuses, prend enfin la place qui lui convient dans l'administration, et l'on peut dire que les principes si simples qui la déterminent sont arrivés désormais parmi nous au rang des bases fondamentales de la civilisation et du progrès, de telle sorte que leur application, plus ou moins large, marque les degrés de l'élévation des peuples dans l'ordre physique, intellectuel et moral.

Le congrès ouvert à Bruxelles en automne dernier, où se trouvaient représentées non-seulement l'Europe entière, mais encore les nations les plus avancées de l'Afrique et de l'Amérique, est une preuve bien éclatante de ce que nous avançons. On vit un roi entouré de ses enfants et de ses ministres ne point dédaigner d'assister aux séances si pleines d'intérêt et d'actualité de ces véritables assises de l'hygiène [1].

---

[1] Cette assemblée remarquable entreprit de résoudre, autant que le permet l'état actuel de la science, toutes les questions d'hygiène publique, et nous avons puisé dans ses travaux des renseignements dont nous ferons usage au besoin.

Aucun état ne veut rester en arrière, et toutes les puissances de l'Europe, depuis la Russie jusqu'à l'Espagne, se précipitent à grands pas dans cette voie féconde qui mène en définitive au bonheur matériel des peuples et à la prospérité des nations.

En France, grâce à l'intervention puissante et bien décidée du chef de l'État, ces idées sont déjà entrées dans le domaine des faits accomplis, et de grands changements se préparent encore sur tous les points.

Parmi les grandes cités appelées à profiter de ce mouvement, Lille se trouve en première ligne.

Centre d'une population considérable qu'attirent et conservent les avantages réunis d'une agriculture prospère et d'une industrie aussi variée qu'étendue, elle a pour premier devoir d'assurer à ses habitants nombreux et resserrés sur un faible espace, la jouissance aussi complète que possible des bienfaits de l'hygiène. De même qu'elle n'a cru devoir reculer devant aucun sacrifice pour marcher à la tête des villes scientifiques en élevant dans son sein un Lycée de premier ordre et des amphithéâtres destinés à l'instruction supérieure, de même elle doit tout mettre en œuvre pour obtenir l'assainissement parfait de son enceinte, sous peine de voir multiplier le rachitisme et l'incapacité au travail, là où la vigueur du corps non moins que la force de l'intelligence peuvent lui permettre de lutter avantageusement avec les villes rivales de sa puissance et de sa gloire antique.

Lille jouissait naguère encore de la triste célébrité de renfermer dans ses murs ces habitations malsaines, ces caves infectes où venait s'étioler cette partie de la population qui, par son abaissement matériel et intellectuel, par son ardeur au travail et par sa résignation, mérite à tous égards de fixer l'attention de nos magistrats.

Depuis les trois dernières années, on a sensiblement modifié cet état de choses; le zèle de nos édiles, les dispositions bienfaisantes de la loi sur les logements insalubres, ont fermé beaucoup de caves inhabitables, ont assaini nombre de courettes; mais combien d'améliorations restent à réaliser! Que de causes d'insalubrité avons-nous encore sous les yeux, soit en dedans, soit en dehors des habitations! Pour le premier point, nous devons compter sur les progrès de la loi précitée; c'est du second, c'est de l'assainissement général que nous allons nous occuper, en commençant par ce qui est relatif à la voie publique.

Maintes fois le Conseil central de Salubrité [1] a démontré quelle était l'influence de l'assainissement des abords des maisons sur la situation physique et morale des riverains. Cette influence a été constatée partout et spécialement à Londres [2], par des enquêtes

---

[1] « Le pavage régulier des cours n'aurait pas seulement un but hygiénique; « pour nous, qui avons comparé, il reste la conviction qu'il serait encore un « puissant stimulant de propreté et d'ordre intérieurs. Nous avons reconnu, « et tout le monde peut s'en convaincre après nous, que si par exception une « cour ou une ruelle se trouve bien pavée, bien jointoyée, si le fil d'eau est « facile et en bon état, la propreté de la cour se reflète dans les habitations. » (1848, *Rapport sur l'Assainissement,* par M. Bailly.)

[2] On lit dans une déposition de James Chadwick, consignée dans le rapport de M. Darcy, ingénieur en chef des ponts et chaussées sur le macadémisage des chaussées de Londres et de Paris : « Quelques cours de la cité « avaient, il y a quelques années, un aspect repoussant; l'autorité s'en est « occupée; les cours, même les cours privées furent dallées ou pavées; le « bien-être des habitations fut accru au delà de toute expression.

« Il n'est pas jusqu'aux cours du voisinage de Petticourt-Lane, quartier « le plus sale de la cité, qui ne soient aujourd'hui aussi propres que « cette salle..... »

« ..... Donnez les moyens de nettoyer et on en fera bon usage.

« ..... Il y avait une partie d'Honoids-Ditch qui, il y a deux ans, aurait pu « être citée comme un des plus sales cloaques. Des étrangers venaient y voir « un exemple de la malpropreté qui pouvait se trouver à Londres en présence « d'une civilisation aussi avancée et de la bonne tenue des grandes rues « situées dans le voisinage : depuis leur pavage, les lieux ont fait des progrès « frappants en ce qui concerne la propreté et le bien-être..... »

Le président de l'Institut des Ingénieurs de Londres disait : « Le sujet en « discussion est d'autant plus important qu'il touche non-seulement aux « intérêts commerciaux de tout un pays, mais que de plus l'état des routes « exerce une influence matérielle sur le bien-être de la société.

« ..... La boue en décomposition dans les rues est une des causes qui « vicie le plus l'air respiré par les habitants des grandes villes; c'est aussi « l'un des plus grands obstacles aux habitudes d'ordre et de propreté domes- « tiques; et du seul fait d'une grande propreté dans les rues découlent des « conséquences d'un ordre bien plus élevé, qu'un observateur superficiel ne « découvrirait pas d'abord. »

officielles dont les procès-verbaux ont été rendus publics, et offrent aujourd'hui un très-grand intérêt pratique.

La puissance de cette réaction est par nous tellement sentie que nous avons résolu de ramener l'attention sur ce terrain. Membres l'un et l'autre du Conseil central de Salubrité, chargés de services qui touchent par plus d'un côté au bien-être des populations, nous avons pensé que notre intervention serait en ce moment de quelqu'utilité à nos concitoyens si nous pouvions faire connaître et adopter des vues tout à la fois efficaces et pratiques d'améliorer la voie publique.

Les moyens d'action que nous proposons se sont rencontrés d'une manière si parfaite avec les indications formulées par M. A. Chevallier, du Conseil de Salubrité de Paris, dans sa notice historique sur le nettoiement de la capitale, que nous y avons trouvé un puissant encouragement.

De son côté, l'administration municipale, aussi éclairée qu'avide de progrès, a déjà prouvé tout l'intérêt qu'elle attache à ce sujet en mettant gracieusement à notre disposition tous les documents administratifs dont elle peut disposer, et qui ont contribué à nous faire apprécier et juger tous les rouages de la voirie urbaine dans la ville de Lille : rouages incomplets, insuffisants, dont les résultats soulèvent des récriminations unanimes.

Ce n'est pas d'aujourd'hui que datent les plaintes dont nos rues sont l'objet. Leur réputation de saleté est devenue en quelque sorte proverbiale, et, parfois, l'étranger qui visite nos murs est tenté d'appliquer à la généralité des habitants ce qui heureusement n'appartient, dans beaucoup de quartiers, qu'à la situation négligée du service de la voie publique.

Le mal est donc ancien ; il est passé en quelque sorte à l'état d'habitude ; et bien que l'on se plaigne dans les journaux, dans les conversations, on accepte une situation mauvaise, détestable, parce qu'il ne s'est présenté jusqu'ici aucun moyen de la changer. Si l'on a quelquefois étudié soigneusement quelques points de la question, on n'est arrivé à rien de général et de méthodique, et l'on n'a jamais profité de l'influence de la presse pour indiquer aux habitants comment ils pourraient remédier aux inconvénients dont ils se plaignent et qui dépendent d'eux en grande partie.

Ce qui frappe les yeux les moins clairvoyants, c'est l'état constamment boueux de la chaussée ; c'est surtout la négligence qui semble présider au balayage et à l'enlèvement de ces matières malsaines, immondes ; et l'on est tenté de s'en prendre à une administration qui n'augmente pas le nombre des bras, des chevaux, des voitures, sans se préoccuper de l'efficacité de cet accroissement, et de l'appréciation du système, ni des complications dont se trouve hérissé un service aussi étendu. Mais la question ainsi posée serait trop simple, et depuis longtemps, sans doute, la ville serait assainie s'il s'agissait uniquement d'augmenter les moyens d'actions dont on dispose en ce moment; en raisonnant ainsi on oublierait un élément important qui semble dominer toute la question, celui de la dépense. Il s'agit donc, non-seulement de connaître la somme des améliorations qu'il conviendrait d'introduire dans ce service, mais encore de savoir si avec les ressources qui y sont affectées actuellement, et celles que, sans trop grever son budget, elle pourrait y joindre en supplément, il est possible d'arriver à des résultats plus satisfaisants, plus complets : tel est le but de cette première partie de notre travail.

Et d'abord, nous devions nous demander d'où provient la boue qui couvre habituellement une chaussée dans notre cité? Il est facile de reconnaître qu'elle est produite par des causes diverses ; qu'elle provient des détritus de toute nature qui y sont projetés chaque jour, ou qui y sont amenés accidentellement :

1° Par les voitures arrivant du dehors ; car la boue qui s'attache aux roues dans la campagne, en tombe plus tard sur la voie publique par l'effet de la dessiccation et du mouvement ;

2° Par les matières provenant du trop plein des voitures et surtout par les chargements de fumiers et autres objets de peu de valeur accumulés souvent au-delà de la capacité des voitures ;

3° Par les déchets des emballages et déballages, chargements et déchargements opérés sur la voie publique ;

4° Par le dépôt quotidien des ordures de ménage, que chaque riverain effectue librement sur la chaussée durant toute la journée ;

5° Enfin, la boue dans notre humide climat, est produite en partie par la chaussée elle-même, par le sable plus ou moins argileux qui sert de balast aux grès formant la partie supérieure de la voie.

Ceci connu, il paraît logique de rechercher les moyens qui contribueraient à diminuer les causes productrices de la boue : c'est ce que nous ferons dans le même ordre :

1° A mesure que l'excédent de la population se répand en dehors de la ville et concourt à élever ces constructions nombreuses qui forment autant de villes de nos faubourgs, on améliore de toutes parts les chaussées en faisant disparaître les accotements en terre et en les remplaçant par des trottoirs ou des zônes d'empierrement. Ce système, appliqué depuis 15 années environ, a modifié singulièrement l'état dans lequel se présentaient autrefois à nos portes les voitures venues du dehors. Après avoir parcouru les chemins de terre et les accotements des routes, elles introduisaient en ville une grande quantité de boue. Toutefois il reste encore beaucoup à faire ; et l'on voit le long de quelques-unes de nos grandes routes, à la sortie même des fortifications, des accotements en terre ou des trottoirs d'un côté seulement de la chaussée. Depuis longtemps l'administration des ponts et chaussées fait de larges sacrifices pour faire disparaître peu à peu ces lacunes. Mais il serait à désirer qu'elle s'occupât avant tout de les combler aux abords de la ville, sauf à reporter ensuite plus loin ces utiles changements.

D'un autre côté, il y a lieu de remarquer qu'au fur et à mesure que les routes se bordent d'habitations, que la population s'entasse dans les faubourgs, il surgit, par ce fait même, des causes d'insalubrité d'autant plus énergiques, que les administrations locales n'ont pas toujours dans leur volonté ni dans les allocations des fonds communaux, les ressources nécessaires pour les faire disparaître ; de sorte que, si l'on se plaint des rues de Lille, les plaintes ne sont pas moins fondées quand on jette un regard sur ce qui nous environne. Il en résulte que malgré les améliorations précitées, les voitures et les piétons pénètrent encore en ville, chargés d'une certaine quantité de fange.

Cet effet serait amoindri dans une grande proportion si l'administration des ponts et chaussées contraignait les agents, dont le canton touche aux portes de la ville, d'exécuter les balayages que l'on prescrit sur les routes, dans l'intérêt même de leur conservation [1]. Poussées par un esprit d'émulation bien entendue, les autorités locales seraient portées à exécuter un travail aussi utile sur les autres parties du pavé de la commune, de même qu'elles ont suivi l'exemple donné par les ingénieurs de l'État, en établissant partout des trottoirs

2° Il est peut-être plus difficile de faire cesser les abus du chargement défectueux des voitures. Ce n'est que par des règlements de police bien faits et exécutés rigoureusement, que l'on parviendra à faire disparaître cette cause de malpropreté des rues. Quand le public aura été suffisamment informé que des peines pécuniaires peuvent atteindre tout voiturier qui aura laissé tomber, à l'intérieur de la ville, une partie des matières qu'il transporte, par suite d'un excès de chargement, on soignera davantage l'arrangement des voitures qui traversent la cité, et sans nuire à ses propres intérêts, on respectera la voie publique.

Il faut d'ailleurs remarquer que l'exemple est souvent donné par le service de l'ébouage, dont il n'est pas rare de rencontrer les tombereaux ou les chariots, et surtout ceux-ci, pleins outre mesure,

---

[1] Dans l'arrondissement d'Avesnes, les réclamations d'une petite ville et de ses faubourgs ont été entendues, et le balayage s'effectue sur le pavé des routes de Landrecies à une distance de quatre kilomètres.

et laissant échapper par-dessus les bords ou à travers les interstices une matière fluide, ou les fumiers qu'ils viennent de relever, marquant ainsi derrière eux la trace de leur passage [1].

Nous saisissons cette occasion de faire remarquer aussi combien les arrêtés relatifs à la circulation diurne des fumiers à travers la ville sont le plus souvent interprétés d'une manière dérisoire, et on ne peut plus désagréable pour les habitants.

Les toiles qui doivent recouvrir les fumiers ne sont d'ordinaire que des chiffons étroits ou déchirés, jetés comme une corde sur la voiture, uniquement pour éluder la prescription. Les débris d'animaux, tels que les cuirs de tannerie, ou les os destinés au noir, les productions cornées et autres, échappent aux dispositions des arrêtés, et n'en produisent pas moins de désagréments pour la circulation.

Il suffirait sans doute de réviser l'arrêté en prescrivant *de recouvrir d'une toile qui les enferme entièrement le fumier, les débris d'animaux et toutes matières odorantes qui circulent dans la ville après les heures fixées.*

3° Quant à la troisième cause de malpropreté signalée, il n'est pas douteux (et dans les villes industrielles surtout, de grandes facilités sont nécessaires aux commerçants), que la voie publique peut être occupée momentanément par les riverains afin de charger ou décharger les voitures, d'emballer ou de déballer les marchandises. C'est un usage qui a pris force de loi, bien qu'il y ait à Paris de grandes restrictions à cet égard ; mais il ne saurait être douteux, non plus, que cette tolérance ne doit pas être portée au point d'incommoder le voisinage et de salir la rue par les malpropretés qui se produisent dans ces manœuvres. Les pailles, les déchets de toutes sortes que la circulation disperse , que le vent

---

[1] Les arrêtés du Préfet de police relatifs à la circulation dans Paris des voitures de plâtre et autres objets pulvirulents, odorants, ainsi qu'à leur déchargement, sont parfaitement applicables à notre ville

porte au loin doivent être, dans une ville bien tenue, immédiatement relevés par les usagers, sans qu'ils puissent prétexter un autre travail à effectuer prochainement au même lieu.

4° L'habitude qui existe à Lille de déposer sur la rue chaque jour, à toute heure, où il plaît à chacun, les ordures de ménage, les débris végétaux et animaux, et surtout les cendres de houille, est un obstacle insurmontable à la propreté. Ces dépôts, comme ceux qui résultent du balayage, séjournent, dans beaucoup de quartiers, un temps considérable sur la voie, et sont bientôt dispersés par les chevaux, par les voitures, par les piétons qu'ils éclaboussent ; en un mot par le *trafic*, comme disent les Anglais.

Il est bien vrai que le mode du dépôt de l'ordure des maisons est toléré dans la plupart de nos villes, mais avec des restrictions sévèrement maintenues.

Ainsi, à Paris[1] un temps très-limité est accordé chaque jour aux riverains, et le balayage, suivi de l'ébouage, s'y opère d'une manière bien plus active et plus régulière qu'à Lille. Des dispositions toutes contraires sont usitées en Angleterre. A Londres, par exemple, chaque maison a dans la cour un lieu de dépôt pour les fumiers et ordures ; et chaque jour les agents du nettoiement vident les espèces de citernes sans rien déposer sur la voie. A quelques lieues de Lille, deux de nos villes principales, Dunkerque et Boulogne, offrent un mode d'assainissement encore plus rapide. Chaque jour, à heure déterminée pour chaque rue, et pour ainsi dire pour chaque maison, le tombereau, muni d'une cloche, se présente et reçoit les ordures de la journée, que la ménagère a déposées dans un panier sur le seuil de la porte.

Aussi ne voit-on jamais dans ces villes le moindre dépôt sur la

[1] Une heure seulement, de six à sept ou de sept à huit heures du matin, suivant la saison, est accordée pour opérer le balayage. (Ordonnance du 5 novembre 1846.)

rue ; et, bien qu'il y ait plusieurs ménages dans chaque maison [1], les chaussées s'y maintiennent d'une netteté remarquable.

Le mode pratiqué à Lille a donné jusqu'ici et donnera toujours de mauvais résultats ; il est aussi contraire aux lois de l'hygiène qu'aux facilités de la circulation. Durant l'hiver, et principalement après les temps de neiges, alors que chaque dépôt se dérobe momentanément à la vue, et que les voitures d'ébouage, pour ne pas ramasser de neiges, s'abstiennent de tout enlèvement, et laissent s'accumuler les fumiers de plusieurs jours, de plusieurs semaines, comme nous venons de le voir en 1853 ; c'est alors, disons-nous, qu'au moment du dégel on ne peut s'avancer qu'à travers une fange épaisse et fétide, et au milieu de montagnes de boues solidifiées, qui rendent en beaucoup de points la voie très-périlleuse [2]. Il est certain que si l'on parvenait à modifier les habitudes des riverains, à faire disparaître les dépôts de cendres et d'ordures sur la rue, on aurait, par le fait seul, amélioré dans une proportion incalculable le service de la chaussée. Nous reviendrons plus loin sur ce détail quand il sera question du balayage et de l'enlèvement des boues.

5° La nature du sol influe sur la propreté de la chaussée, en ce sens que, dans les terrains sablonneux, les eaux pluviales et autres

---

[1] Le système des paniers ou baquets particuliers a été prescrit et essayé à Paris à plusieurs reprises. (Voir l'édit de François Ier en date du 28 janvier 1539, et l'arrêt du Parlement daté du 30 avril 1663.) Il n'a pu réussir comme à Londres à cause de l'encombrement relativement beaucoup plus considérable de la population parisienne ; car on sait que si la capitale de l'Angleterre renferme un plus grand nombre d'habitants, son étendue est infiniment plus considérable, puisque chaque habitant correspond à Londres à une surface de 100 mètres, tandis qu'un habitant de Paris n'a que 34 mètres, et que les 260,000 maisons de Londres sont occupées par 7 1/2 habitants seulement, au lieu qu'à Paris on en compte 34 par maison, ce qui répond à un grand nombre de ménages qui ne trouvent pas comme dans les cours de Londres un dépôt provisoire des immondices. Mais on n'y a pas renoncé entièrement, et on étudie de nouveau le sujet en ce moment.

[2] Les rues étroites, telles que celles du Dragon, Saint-Étienne, des Tanneurs, etc., sont alors extrêmement dangereuses.

répandues à la surface des routes s'infiltrent à travers les joints qui séparent les pavés et disparaissent rapidement dans le sous-sol, tandis qu'il n'en est plus de même quand celui-ci est glaiseux et argileux. Les eaux, alors, sont arrêtées à la base de la couche arénacée qui forme le balast, et qui, ainsi détrempée, devient fluante, jaillit avec plus ou moins de force sous le poids des voitures, entre les grès, et se répand sur la voie. C'est ce qui arrive à Lille et dans la plupart des villes de l'arrondissement. Ainsi ramené à la surface, le sable de carrière mélangé de terre glaiseuse conserve l'eau avec une grande ténacité. La terre, les cendres répandues sur la rue, les parcelles de fer provenant des roues de voitures et des pieds des chevaux (suivant les expériences récentes de M. Chevreuil[1], de l'Institut), contribuent aussi à en altérer la pureté; souvent le grès lui-même, qui forme le pavé, est plus ou moins tendre; et une fois imbibé, il s'assèche plus ou moins difficilement au détriment de la propreté.

Une longue expérience de travaux de chaussée a fait reconnaître qu'avec le sous-sol que l'on rencontre à Lille le mode de pavage à employer doit être favorable à l'assèchement des rues; nous parlerons ailleurs de celui qui consiste à obtenir un balast imper-méable supportant des grès d'une nature porphyrique.

On ne saurait indiquer exactement dans quelle proportion chacune des causes que l'on vient d'analyser agit pour produire la boue de nos rues, mais on est forcé de reconnaître que l'application des mesures que nous n'avons fait qu'énoncer diminuerait dans un rapport considérable le cube et surtout le poids des boues à enlever journellement.

Il est inutile de faire remarquer que ces améliorations ne peuvent

---

[1] M. Chevreuil a trouvé du fer en très-grande abondance entre les pavés des ruisseaux de la rue Mouffetard; et il estime que ce fer, absorbant l'oxigène des matières environnantes, pour passer à l'état d'oxide, s'oppose à la transformation en acide carbonique des matières végétales maintenues ainsi dans un état de fermentation putride.

être toutes réalisées immédiatement ; celles qui tiennent à l'état du sol, au degré de propreté des faubourgs, ne peuvent l'être qu'à la longue par suite de travaux successifs qu'on peut toutefois exécuter avec plus ou moins de suite et d'activité.

Il en est d'autres que l'on peut introduire sans délai, et ce sont les plus importantes, les plus radicales

En première ligne vient la suppression complète des dépôts d'immondices sur la rue, avec la conséquence qui en découle : transport direct à la voiture des baquets de chaque ménage [1].

En second lieu se trouvent les modifications à apporter au balayage qui est l'une des opérations les plus difficiles du service de salubrité. C'est à Lille la plus mal exécutée. Des études nombreuses et répétées sur ce sujet ont été faites non-seulement chez nous, mais à Paris, à Londres, en Italie, partout enfin, car toute agglomération d'hommes entraîne partout les mêmes inconvénients.

Dans le plus grand nombre des villes du Nord, le balayage est mis à la charge des riverains ; à Paris même cette disposition administrative a prévalu (voir l'ordonnance du 5 novembre 1846). Le balayage à Londres est à la charge des paroisses (terme correspondant à nos arrondissements urbains). Elles emploient à ce travail les pauvres dont elles sont chargées. Mais il y a partout de grands abus, partout de grandes lacunes, et l'on s'est ingénié à trouver des moyens mécaniques capables de suppléer à l'insuffisance des divers systèmes. La machine anglaise de With-Worth paraît offrir des avantages considérables, entre autres ceux de relever la boue en la balayant et de réaliser d'après l'enquête de notre ingénieur

---

[1] On se demandera sans doute si la conservation, dans l'intérieur des maisons, des immondices de la journée ne sera pas une cause d'insalubrité plus grave que celle que l'on voudrait éviter ; mais on sera bientôt rassuré si l'on réfléchit que ces matières pourront, au besoin, être exportées matin et soir, qu'elles auront moins de tendance à fermenter en petite quantité et à sec que réunies au milieu des tas de boues, qu'enfin les vases contenants pourront être fermés et soumis à de fréquents lavages.

Darcy une économie de 50 à 66 pour % sur le balayage et l'ébouage effectués à la main [1]; malgré de tels résultats, cet appareil d'un prix élevé n'est encore en usage que dans quelques villes anglaises.

A Lille, chacun sait comme les choses se passent : l'entrepreneur a tout à sa charge et doit effectuer chaque jour le balayage de toutes les parties de la voie publique. Mais à l'exception d'un très-petit nombre de rues principales, les boues ne sont balayées, ni enlevées à heures régulières, ni même chaque jour.

Beaucoup sont à peine balayées une fois la semaine, nulle part et en aucun temps elles ne le sont complétement. Une décomposition fétide, que favorise l'humidité habituelle, est la conséquence de cette stagnation trop prolongée de matières déjà en fermentation ; et les émanations *sui generis* qui s'en dégagent deviennent très-sensibles dans certains endroits.

Après le balayage tel quel, la boue semi-liquide est abandonnée çà et là et encombre les rues. Ces amas accrus bientôt et multipliés par les apports continus de l'intérieur des maisons ne tardent pas (si, comme il arrive le plus souvent, le tombereau ne suit pas de près l'atelier des balayeurs) à reprendre la place qu'ils occupaient avant le balayage [2].

Aussi, pendant une grande partie de l'année le pavé, qu'un

---

[1] Une machine agit comme quinze ouvriers valides ou comme trente indigents. On avait expérimenté à Manchester qu'un ouvrier libre balayant 1,000 mètres carrés, les pauvres de paroisse 500 à 600. A Londres, un homme nettoie par jour une surface beaucoup plus grande; mais il paraît que l'ouvrage est fait avec moins de soin. Serait-ce dans les mêmes conditions qu'on obtient à Paris 2,000 mètres ?

[2] En vue de ramasser la boue liquide et de sécher le pavé, l'éboueur est obligé, d'après le cahier des charges, de répandre du fumier sur la rue et de le relever ensuite quand la circulation l'a broyé dans la fange. Cette opération, nommée *rétramage*, très-utile dans le système actuel, qui procrée pour ainsi dire la boue, deviendrait sans application ou à peu près si la propreté était habituelle.

balayage et des irrigations convenables n'ont pas approprié, reste-t-il très-humide contrairement aux intérêts de la ville qui consacre tous les ans de fortes sommes à l'entretien de la chaussée [1].

Quant au personnel affecté au balayage, il est fourni par l'entrepreneur des boues de la ville; il doit être plus ou moins considérable suivant la quantité de boues existantes. Mais il est notoire que, généralement, il est insuffisant comme nombre [2] et comme aptitude. En effet, le personnel, qui ne s'élève que rarement au delà de 70 individus, est composé de ce qu'il y a de plus affaibli parmi les habitants les plus dénués de la ville.

On ne saurait voir sans pitié et sans dégoût à la fois ces bandes de balayeurs, mal accoutrés, souvent grossiers envers les conducteurs de voitures, insultant l'un, insultés par l'autre; ils effectuent une besogne qu'ils ont d'autant moins intérêt à bien faire qu'elle est exécutée en commun. Ces ouvriers [3] reçoivent, il est vrai, un très-faible salaire, mais en réalité le travail qu'ils fournissent est encore trop rétribué, comme le prouvent les expériences déjà citées, dans lesquelles il a été constaté, par des essais comparatifs, que le même travail exécuté par des hommes valides est mieux terminé et produit une économie de 50 à 60 pour %.

D'un autre côté il y a peut-être quelqu'inhumanité à employer à des travaux difficiles, très-fatigants, qui exposent à toutes les intempéries des hommes et surtout des femmes aussi débiles, et d'autant moins en état de les supporter qu'une alimentation insuffisante et des habitudes funestes les portent à rechercher

---

[1] Les dépenses s'élèvent, année moyenne, à 10,000 fr., service non compris.

[2] Le service ordinaire du balayage compte vingt hommes et cinquante femmes.

[3] Les balayeurs reçoivent 10 cent. par heure et rarement plus de 60 cent par jour (les balais à leur charge).

l'excitation des spiritueux, qui entretiennent chez eux des causes permanentes de maladie et de dégradation morale[1]. Il ne saurait y avoir de profit même pour l'entrepreneur à continuer ce mode de travail, fut-il en rapport avec les besoins de la ville, car non-seulement il doit payer cher relativement, mais encore il doit surveiller avec beaucoup de difficulté.

Ce qui vient d'être dit conduit naturellement à remplacer les brigades actuelles par des hommes vigoureux, intelligents et intéressés à perfectionner leur travail sous l'œil de chefs actifs.

Des agents, des cantonniers chargés de maintenir en bon état une certaine longueur de rue ou de place publique, pourraient être rendus responsables de leur service, et mériter par leurs soins ou par leur négligence des encouragements pécuniers, ou des retenues proportionnées, le tout réglé par des instructions bien nettes, bien précises, d'où ils ne pourraient se départir.

Disons sommairement ici que les fonctions principales du cantonnier de salubrité, muni d'un outillage convenable, consisteraient à balayer[2] chaque jour, à la première heure, dans toute l'étendue de son canton, et en commençant par les points où la circulation est plus active et plus matinale, tout ce qu'il y trouverait à balayer. Durant la journée il aurait à ramasser sur une brouette tout ce qui pourrait tomber sur la voie ; les ruisseaux, les urinoirs, les bouches d'égouts seraient à sa surveillance et à sa charge, ainsi que les trottoirs des édifices publics, des ponts et ceux des maisons

---

[1] Des considérations humanitaires plus spécieuses que réfléchies pourraient engager à continuer ce genre de travail, payé même à chers deniers aux balayeurs actuels, mais il ne serait pas très-difficile d'occuper chez eux ces malheureux à des travaux moins pénibles et non moins rétribués. Il serait d'ailleurs impossible de craindre pour leur avenir si l'on réfléchit aux prodiges de l'antique charité lilloise.

[2] On se trouve très-bien en Angleterre, et, depuis peu, à Boulogne, d'employer pour le service de la voie des balais en baleine ou en fibres d'aloès qui chassent plus fort et s'usent moins rapidement.

non habitées. Il se procurerait, soit aux fontaines publiques, soit chez les riverains, l'eau nécessaire à l'assainissement de ces locaux[1]; il veillerait à ce que l'ébouage confié à l'entreprise soit exécuté conformément aux prescriptions du service de salubrité; que les tombereaux par exemple arrivent à heure fixe dans les différentes parties de son canton, afin que les riverains puissent préparer d'avance le baquet aux ordures et le mettre au seuil de la porte, à la disposition de l'éboueur. Il tiendrait la main à ce que chaque riverain exécute avant l'heure fixée le balayage ou le lavage de son trottoir, et l'arrosement pendant les chaleurs de l'été, et aux époques de la journée déterminées par les arrêtés, de la moitié du pavé de la rue. Il agirait de même en temps de neige, veillant au libre cours des ruisseaux, préparant aux points convenables, aux carrefours et autres, les déblais nécessaires à la circulation des voitures et des piétons.

Dans les moments opportuns, après ses visites, et le balayage principal dont il a été parlé, il aurait à nettoyer à fond [2] une

---

[1] Les arrosements prescrits pendant les grandes chaleurs, dans les rues, ceux que l'administration fait exécuter en cette saison sur les places et les promenades publiques, seraient, à certaines époques de l'hiver, extrèmement utiles, indispensables même au nettoiement complet de certaines rues difficiles à sécher et où la boue épaissie résiste au balai (la rue de la Monnaie par exemple). La dépense de deux tonneaux irrigateurs ayant été faite, il suffit de les utiliser convenablement pour opérer de grandes améliorations sur certains points.

[2] La question de savoir s'il convient de nettoyer à fond les chaussées, en enlevant toute la boue qui s'applique sur les pavés, est diversement appréciée. On se fonde pour la conserver sur la croyance que cette boue supporte une partie de la charge des voitures, ou bien encore qu'elle maintient l'écartement et empêche le déchaussement du pavé. Mais nous ferons remarquer qu'il est incontestable que les voies pavées se détériorent incomparablement plus durant la saison pluvieuse que pendant les temps secs; qu'il y a donc pour indication de faciliter autant que possible l'assèchement des pavés, et que, sauf les cas où la chaussée vient d'être réparée, un travail exécuté avec un instrument trop large pour pénétrer entre les grès et les déchausser, mais assez étroit cependant pour enlever tout ce qui ne relie pas les pavés, est de nature à conserver le pavage, et alors même qu'il en résulterait quelqu'aggravation de dépense, elle se trouverait largement compensée par le bienfait qui résulte de l'assainissement de la rue.

section de son parcours à l'aide du balai, de la rugine, ou de l'irrigation, de telle sorte que cette appropriation s'effectue successivement dans toute l'étendue du canton une fois par semaine.

Il aurait aussi à exécuter les travaux de menues réparations de la chaussée, telles que relevés d'ornières, remplacements de grès, réparations de flaches, ou, suivant les ordres qu'il recevrait de ses chefs, il devrait se réunir aux cantonniers voisins pour exécuter en commun des travaux de relevés à bout, de grosses réparations de chaussée, ou même servir de chef d'atelier aux ouvriers paveurs libres auxquels ces travaux pourraient être confiés. Au besoin il veillerait à la sécurité de la voie; il ferait disparaître les obstacles à la circulation[1]; en cas d'incendie, il donnerait l'alarme au poste voisin; il signalerait à son chef immédiat tout fait répréhensible qui se commettrait sur son canton et produirait ainsi un grand allégement et une grande régularité dans le service de la police, en ce qui concerne la voirie.

Il est inutile de dire que les outils du cantonnier pourraient lui être fournis à son entrée au service et qu'ils seraient alors entretenus et renouvelés en temps utiles, à l'aide de faibles retenues, etc., etc.; ceci rentre dans le modèle de livret annexé au travail sous le N° 1.

De bons et loyaux services dans des travaux aussi fatigants et

---

[1] Si l'on réfléchit qu'il ne devra plus être fait aucun dépôt sur la voie, que la bonne tenue de la rue préviendra la production de boue, on comprendra facilement que toutes les parties de chaque section ne nécessiteront pas même un balayage complet par huitaine.

Dans la situation actuelle, les soixante-dix balayeurs, pour satisfaire au cahier des charges en renouvelant chaque jour le balayage, devraient l'effectuer chacun sur une étendue de 3,733 mètres carrés; or, il résulte d'observations répétées à Paris avec grand soin qu'un homme valide peut balayer au maximum 2,000 mètres carrés par jour.

En tenant compte du peu de temps pendant lequel les balayeurs fonctionnent habituellement, puisqu'ils ne parviennent guère à gagner que 60 cent., on arrive à ce fait que si certaines rues privilégiées sont balayées plusieurs fois par semaine, ce ne peut être qu'aux dépens des rues moins favorisées.

2

aussi importants mériteraient assurément aux cantonniers, après un certain nombre d'années, une retraite ou du moins un poste équivalent dans quelque fonction moins pénible dépendant de la ville. Mais on ne devrait recruter ces agents que parmi les meilleurs sujets, capables à tous égards de remplir leurs fonctions.

Des appréciations sérieusement combinées [1] permettent d'espérer que l'emploi de trente cantonniers en temps ordinaire serait suffisant pour l'exécution complète de tous les détails ci-dessus indiqués. En cas de neige [2] *(note importante)*, de gelée prolongée et de débâcle, il y aura quelquefois lieu de leur adjoindre un nombre convenable d'auxiliaires, et alors les femmes des cantonniers mariés pourraient avoir la préférence [3].

---

[1] Les soixante-dix balayeurs actuels ne travaillant que la demi-journée, le travail d'un jour entier exigera moitié d'ouvriers pour un même espace. De plus, la surface balayée par un cantonnier étant environ 2,000 mètres par jour, les 261,265 mètres qui représentent nos rues nécessiteraient un personnel de cent trente-un cantonniers, mais la prohibition de rien déposer sur la rue entraînera l'avantage de ne balayer chaque partie de la voie publique qu'une fois la semaine, c'est-à-dire le sixième de la besogne ou vingt-deux ouvriers. En ajoutant le service général de parcours, la surveillance nécessaire, on est conduit à admettre trente cantonniers en moyenne.

[2] Dans le système proposé, la neige, n'étant plus mélangée de boues et de déchets de ménage, pourrait être, sans inconvénients, projetée dans les canaux de la ville qui ne seraient pas entièrement gelés, de sorte qu'il deviendrait possible d'en débarrasser promptement la cité, comme on le fait à Paris; à cet effet, les riverains pourraient être tenus de balayer la chaussée aussitôt après la neige et de réunir celle-ci en tas séparés (sans pouvoir jamais les augmenter par l'apport des neiges de l'intérieur) le long d'un des ruisseaux de la rue; et pour éviter les discussions, on désignerait par exemple le côté des numéros pairs pour toutes les rues (voir le projet d'arrêté municipal No 2), ce qui rendrait immédiatement la circulation facile en prévenant les accidents qui arrivent si souvent aux piétons comme aux attelages. L'enlèvement s'effectuerait ensuite en commençant par les rues les plus étroites, où il serait plus rapide et plus urgent qu'ailleurs. Les déchargements seraient opérés aux cours d'eau voisins avec toutes les précautions nécessaires pour ne gêner ni la circulation ni les riverains de ces canaux. En cas de gelée, qui rend tout travail difficile, les rues étroites seraient seules débarrassées et la neige portée soit aux grands canaux, soit à un autre point désigné. Sur la place, les neiges seraient rejetées de manière à laisser un large passage en face des habitations, et des sentiers seraient ouverts par les cantonniers dans les directions utiles.

[3] On remarque que les femmes ont une très-grande aptitude au balayage; il

Si l'expérience venait, après une application radicalement faite de l'ensemble de ces mesures, démontrer l'insuffisance du nombre proposé, ce ne serait point un motif pour écarter le système lui même, il y aurait tout simplement à employer quarante et même cinquante cantonniers, sans s'effrayer du surcroît de dépense qui pourrait se produire [1], car les avantages de tous les instants qui résulteraient pour les habitants de la ville d'une propreté parfaite de la voie sont tellement palpables, tellement sentis aujourd'hui, qu'il ne saurait s'élever aucune réclamation à cet égard, puisqu'en définitive ils peuvent se traduire en économie individuelle sur les vêtements que la boue souille sans cesse, en accroissement commercial que les facilités de circulation ont toujours pour effet d'amener rapidement. Toutefois notre appréciation doit être maintenue jusqu'à preuve contraire.

Immédiatement au-dessus des cantonniers seraient placés un certain nombre de conducteurs de salubrité dont le service consisterait d'une part à assurer, d'après les ordres supérieurs, l'exécution des mesures conservatrices et de salubrité générale de la voie qui sont du ressort des cantonniers ; à dresser les procès-verbaux de contravention aux arrêtés de police municipale ; à diriger les travaux prescrits sur la voie, etc. Et d'autre part ils auraient à surveiller les mesures d'alignement, ou celles de salubrité particulières à certaines usines et prescrites par l'autorité administrative.

Un conducteur par dix cantonniers suffirait largement au besoin du service.

---

serait donc avantageux, et moral à la fois, de voir le cantonnier aidé dans ses fonctions par sa propre femme, dont le gain, si minime qu'il soit, accroîtrait les rétributions de ces agents. En cas de maladie de ceux-ci, la suppléance provisoire pourrait également se faire par les femmes.

[1] La récapitulation des frais d'assainissement à Paris porte un total de 2,663,000 fr., ce qui fait par habitant 2 fr. 66 cent. On trouve à Lille une dépense complète de 41 cent. par habitant en calculant sur un total de 31,000 fr. l'ensemble des sommes qui contribuent à ce service.

Enfin à leur tête serait placé un ingénieur de salubrité chargé tout à la fois de l'assainissement des rues, de leur bon entretien, de la direction des travaux et du service des alignements. A ces fonctions viendrait se rattacher une surveillance spéciale entièrement négligée aujourd'hui et dont il vient d'être parlé, celles des établissements dangereux, incommodes ou insalubres, autorisés moyennant certaines réserves, certaines prescriptions, qui la plupart du temps sont inexécutées, ou tombent en désuétude, jusqu'à ce que l'excès des inconvénients qui résulte de la tolérance force les parties intéressées, après avoir longtemps souffert, à s'armer pour leur défense des moyens toujours désagréables, souvent inefficaces, que la loi laisse à leur disposition.

L'ingénieur de la salubrité serait également chargé d'éclairer l'administration sur l'établissement clandestin des industries insalubres, et de proposer, au moment des enquêtes, les conditions que lui paraîtraient exiger ces sortes d'usines.

Cet agent principal, tout à la fois homme d'expérience et de talent, architecte et ingénieur, serait choisi avec le plus grand soin, car de lui, de son activité, de son intelligence, dépendrait en grande partie le succès du nouveau système, le bon ou le mauvais emploi des forces mises à sa disposition.

Nous venons de réunir l'ensemble de l'organisation par laquelle la ville assurerait le service du balayage à l'aide d'agents spéciaux et soumis à sa dépendance, organisation qui, réunissant dans une même main l'ensemble des matières qui s'y rattachent, imprimerait une activité nouvelle à cette partie importante des fonctions municipales aujourd'hui déférées aux cinq commissaires de police que des occupations nombreuses de divers ordres, que le défaut de connaissances spéciales et de vues d'ensemble rendent inhabiles à bien faire, quelque soit leur bon vouloir.

Il y a lieu d'examiner maintenant une autre partie non moins importante du service de salubrité, qui doit être laissée à l'industrie privée, mais qui n'en doit pas moins être l'objet d'une surveillance active et d'une réglementation inflexible.

Si le balayage est mal exécuté et incomplétement fait, que doit-on dire de l'ébouage? De ces ignobles tombereaux mal joints qui laissent pour ainsi dire tomber çà et là autant de boue qu'ils en emportent, qui entravent négligemment la circulation et s'inquiètent peu de suivre de près ou de loin l'atelier des balayeurs? Il a été dit quelles sont les conséquences de ce retard. L'une des plus graves est la prolongation durant toute la journée des pérégrinations de ces voitures. Evidemment le matériel de l'entrepreneur des boues est vicieux, il est aussi insuffisant pour surmonter les difficultés actuelles du service dont il convient de signaler la principale : il s'agit du dépôt général des fumiers formé près de l'Ile Sainte-Agnès. La ville fournit, en dehors des fortifications, sur le territoire de Fives, un terrain où l'entrepreneur est tenu d'aller déposer la totalité des produits de l'ébouage. Cet emplacement ne paraît pas heureusement choisi, au point de vue de l'hygiène et des convenances. S'il est au nord de la ville, il en est tellement près que les vents en portent quelquefois les émanations sur les quartiers voisins, séparés au plus de 200 mètres en ligne droite, alors qu'à Paris on exige une distance d'au moins 2,000 mètres.

En outre, les deux portes que suivent les voitures pour s'y rendre sont très-fréquentées, et les convois funèbres de tout un quartier populeux doivent longer le terrain, après avoir été entravés dans leur marche pieuse et recueillie par les tombereaux malencontreux. Il ne faut parler que pour mémoire des nombreux jardins auxquels ces portes donnent accès, et qui, occupés par nos citadins, sont constamment infectés par les miasmes qui se dégagent de ce dépôt. Sans nous préoccuper non plus des voyageurs du chemin de fer saisis tout d'un coup au passage par les odeurs fétides de ces foyers d'infection, il convient d'aborder le sujet sous un point de vue plus matériel, celui de la distance à parcourir pour les tombereaux ; et alors, au lieu de paraître trop rapproché, ce local semblera trop éloigné ; et en effet, le dépotoir de l'Ile Sainte-Agnès étant situé à 450 mètres de la porte de Tournai, qui, elle-même, est à

1,270 mètres du centre de la ville (rue du Cirque), il en résulte que chaque voiture doit, pour l'aller et le retour, parcourir 3,440 mètres. Si l'on remarque la nécessité pour l'entrepreneur d'avoir terminé l'ébouage à des heures déterminées, c'est-à-dire avant dix heures, midi ou deux heures du soir, suivant la saison, ce qui équivaut en moyenne à terminer avant midi un travail qu'il ne peut commencer avant sept ou huit heures du matin, on verra qu'en admettant le maximum théorique de rapidité des voitures chargées (28,000 mètres), il ne pourrait effectuer, durant les cinq heures de marche, plus de trois voyages et un tiers, ce qui, vu les temps d'arrêt multipliés, doit se réduire à deux voyages en moyenne par demi-jour et pour chaque voiture. De là naît la nécessité où l'on est d'accroître le nombre des voitures, chevaux et charretiers pour enlever les fumiers dont le total journalier ne s'élève en moyenne qu'à 19 mètres cubes environ, soit 6,850 mètres cubes pour l'année, d'après les données que nous devons croire exactes [1].

Il y a donc lieu à un grand déploiement d'appareil pour des résultats financiers fort restreints, puisque la vente de ces fumiers, qui se fait au prix de 7 fr. par voiture à deux chevaux, enlevant environ 3 mètres cubes, forme une somme de 15 à 16,000 fr. seulement.

L'éloignement du dépôt général doit entrer pour beaucoup dans les obstacles que rencontre la concurrence aux adjudications de l'ébouage, malgré les fractionnements que l'on a cherché à introduire

---

[1] L'évaluation des fumiers, eu égard au nombre d'habitants, donnerait lieu, suivant les villes qu'on observe, à des différences bien bizarres qui prennent leur source dans les éléments les plus divers, et quelquefois difficiles, à apprécier de la production des immondices et de la manière de les évaluer. Nous citerons par exemple :

	Population.	Fumier par jour.	Pour un habitant.
Lille, sur	75,000 hab.	19 mètres cubes.	$\frac{25}{100,000}$ de mètre cube.
Paris,	1,000,000	700 —	$\frac{70}{100,000}$ —
Bruxelles,	200,000	275 —	$\frac{100}{100,000}$ —

dans le service ; car il est difficile de trouver des cultivateurs ou des industriels possédant un outillage convenable, et nous ajouterons qu'à cet égard encore la position est des plus défavorables aux cultivateurs qui ont jusqu'ici recherché cet engrais. On voit, en effet, dans un rapport de M. Loiset au Conseil municipal de Lille, en 1845, que sur cent voitures de fumier de la ville qui se disséminent dans les campagnes, soixante-quinze sont enlevées par les cultivateurs arrivant par la porte de Dunkerque, dix par ceux qui entrent par la porte de Béthune, sept voitures passent par la porte de Paris, huit par les autres portes

Ainsi que le faisait remarquer l'honorable rapporteur, il y aurait à tenir compte de cette distribution dans le choix des lieux de dépôt.

A tous égards, la ville se placerait dans des conditions bien préférables, si, au lieu d'un seul dépotoir extra-muros, elle pouvait mettre à la disposition de ses entrepreneurs plusieurs points de décharge provisoire, tellement combinés, qu'il n'y ait aucune perte de temps, et que les transports vers les lieux de dépôt définitif soient effectués sans qu'ils puissent en aucun cas rien séjourner dans la ville et porter atteinte aux règles de l'hygiène. Il suffirait pour cela de mettre à contribution toutes les voies de communication que nous possédons, et de profiter, comme on l'a fait ailleurs [1], des canaux et des voies ferrées qui sillonnent la ville, pour exporter chaque jour les immondices, en affectant à chaque quartier des points rapprochés pour l'embarquement. (Voir l'annexe N° 3.)

Il existe, par exemple, le long des quais de la Haute-Deûle et de ceux de la Basse-Deûle, des points plus ou moins écartés, où l'on pourrait, sans danger pour la circulation, établir ces quais d'embar-

---

[1] A Bruxelles, les dépôts sont établis sur l'Esplanade, et les fumiers sont emportés ou par voitures ou par bateaux sur le canal. Il en est de même à Orléans et à Bordeaux. M. A Chevallier pense que ce mode de transport serait très-avantageux à Paris.

quement à l'aide de quelques appropriations très-simples : ainsi, un arrêt fixe pour les roues de voitures en couronnement des murs de quais, un plan incliné disposé en entonnoir, permettraient aux immondices, que les tombereaux déverseraient par le mouvement de bascule qui leur est propre, d'arriver sans intermédiaire dans des bateaux qui seraient stationnés et amarrés sous la planche d'abordage, aux heures déterminées, et qui emporteraient ensuite les fumiers soit à un dépôt éloigné, soit directement vers les localités parcourues par le canal, où viendraient les prendre les cultivateurs intéressés. (Annexe N° 4.)

Ainsi, tout l'espace compris sur la rive gauche de la Deûle, entre le pont de la Barre et celui du Ramponeau, ainsi encore le rivage qui termine la rue Saint-Sébastien, derrière le magasin aux Fourrages, pourraient servir de quais d'embarquement. Un semblable déversoir serait surtout utile aux abords du moulin du Château.

Si des motifs graves, que nous ne prévoyons pas, n'y faisaient obstacle, on pourrait également utiliser le canal des Molfonds pour ce transport : la quantité de barques nécessaires au service de la journée serait introduite sous la surveillance d'un employé de l'octroi par la grille placée derrière l'hôpital militaire, et après être chargées elles sortiraient toutes ensemble par la même issue pour gagner la Deûle. Une opération analogue pourrait s'effectuer à l'aide des chemins de fer du Nord et sans désagrément pour la station. En effet, à l'extrémité de la gare des marchandises se trouve un point très-favorable pour le transbordement des matières que recevraient des wagons spéciaux. A défaut de la possibilité d'obtenir un arrangement avec la compagnie du chemin de fer, on pourrait disposer le canal des Sœurs-Noires, correspondant à la rue des Jardins, de la manière indiquée pour le canal des Molfonds. Il serait indispensable dans ce cas de faciliter le passage de ce canal dans la Deûle [1].

---

[1] Une autre combinaison pourrait encore amener la totalité des produits boueux de la ville à la place du Château, surtout si l'adjudication était

Un des principaux résultats de l'application de ce système mixte serait de réduire à moins d'un kilomètre, aller et retour, le trajet moyen qu'aurait à faire chaque voiture, capable dès lors d'en remplacer quatre. On arriverait donc à effectuer l'ébouage en employant le quart des tombereaux, le quart des chevaux, le quart des conducteurs avec leurs aides[1]. Mais il faudrait, pensons-nous, appliquer cette accélération dans la marche à un prompt enlèvement des immondices, en autorisant une réduction de moitié seulement du matériel destiné à parcourir la ville. Toutefois, la réduction ne serait pas absolue, car elle ne porte que sur les voitures et chevaux ; il y aurait lieu de suppléer au transport[2] par un service de bateaux ou de wagons. Or, dans l'état où se trouve aujourd'hui la batellerie, il serait facile à un entrepreneur de s'entendre avec quelques bateliers que l'éventualité des chargements oblige souvent à stationner inactifs sur les canaux[3]. Et, de son côté, la compagnie des chemins de fer trouverait dans la régularité d'un chargement de cette nature une compensation aux appropriations qu'elle aurait faites. Sur ces bases, l'entreprise, divisée par lot, serait accessible à un grand nombre d'amateurs qui feraient naître une rivalité utile

---

prise par un seul entrepreneur ; cet arrangement, qui offre moins de rapidité dans le service que le fractionnement précité, aurait encore de grands avantages sur le mode actuel.

[1] C'est-à-dire en moyenne que l'ébouage pourrait s'effectuer en lui accordant le temps qu'il emploie aujourd'hui avec cinq voitures, cinq chevaux et dix charretiers ou aides, s'il n'y avait à tenir compte du temps nécessaire au chargement.

[2] L'outillage de chaque entrepreneur, en rapport avec le système de transport qu'il adopterait, devrait toujours être agréé par l'ingénieur de salubrité. Il serait surtout avantageux de choisir des voitures basses et de petites dimensions, les bateaux seraient disposés de manière à ne rien perdre dans les canaux.

[3] Les époques de chômage et de gelée des canaux nécessiteraient l'adoption de dépôts provisoires comme ceux établis actuellement pour les moments de dégel.

aux intérêts de la ville. Les cultivateurs n'auraient plus à redouter les pertes de temps considérables occasionnées par le mode actuel d'ébouage ; ils n'auraient plus à se préoccuper du balayage dont toutes les difficultés et les complications devaient les écarter forcément du concours. On pourra espérer les mêmes résultats qu'à Paris, où ce sont presqu'exclusivement les cultivateurs qui viennent recueillir les produits du balayage [1], et où la concurrence est telle, que dans un avenir peu éloigné on attend de grands rabais sur les remises accordées aux entrepreneurs.

Il n'est pas sans importance de remarquer aussi qu'un transport peu onéreux et à de grandes distances des fumiers de la ville [2] devra amener une plus-value de ces précieux engrais, dont l'usage est jusqu'ici restreint à quelques exploitations limitrophes. Il y aurait donc là, par la suite, des rentrées probables à la caisse de la ville dont nous allons avoir à discuter les intérêts.

Nous connaissons trop cependant toutes les difficultés que l'on rencontre quand il s'agit de modifier d'anciennes habitudes que la routine respecte aveuglément pour ne pas prévoir le cas où les adjudicataires préféreraient jouir des lieux de dépôts accordés par la ville au risque de faire plus de chemin. Aussi ne devra-t-on pas s'étonner de retrouver au projet de budget ci-après la prévision d'une dépense conforme à celle qui a existé jusqu'ici, mais qui disparaîtra par la suite, à mesure que l'expérience et une application

---

[1] Sur 356 voitures enlevées chaque jour à Paris, 353 sont portées directement chez les cultivateurs.

[2] Dans les détritus que rejettent les ménages, il est des objets de peu de valeur qui sont journellement recueillis et qui rentrent dans le commerce. Les os, les chiffons, les morceaux de verre, les débris de porcelaine, etc. Il s'établit ainsi une foule de petites récoltes accumulées dans les chambres des malheureux qui créent autour d'eux des foyers d'une infection déplorable que nous avons souvent constatée. Il serait à désirer que la ville en fût totalement débarrassée, et, dans le système, il se trouverait bientôt des petits industriels, domiciliés à la campagne, qui se livreraient à ce trafic loin de la ville. Les cendres, que l'agriculture recherche quelquefois, au lieu d'être relevées dans la rue, seront recueillies à domicile par les personnes qui s'en occupent, comme cela se pratique fréquemment aujourd'hui.

intelligente[1] viendront confirmer les avantages des modifications proposées, qui peuvent se résumer comme suit :

Pour l'extérieur et les abords de la ville, se mettre en rapport avec l'administration des ponts et chaussées, avec les autorités administratives des communes contiguës, à l'effet d'obtenir satisfaction sur la bonne tenue des voies de communication.

A l'intérieur, créer un service spécial de la salubrité comprenant la voirie dans tous ses détails et la surveillance des établissements dangereux, incommodes ou insalubres.

(Les grands projets d'édifices et de réparations des constructions municipales étant laissés aux architectes libres.)

L'agent en chef de ce service aurait le titre d'ingénieur de la salubrité avec les fonctions ci-dessus désignées ; trois conducteurs des travaux, assermentés et placés sous ses ordres, surveilleraient les cantonniers en parcourant au moins une fois chaque jour toute l'étendue de leur section.

Des cantonniers urbains, en nombre suffisant (trente par exemple), seraient chargés du service actif dans une étendue de rue mise sous leur responsabilité pour le balayage, les menues réparations, la surveillance policière, etc. Défense serait faite de jeter, déposer ou laisser couler sur la voie publique aucune ordure, aucune matière que ce soit.

Les fumiers de ménage de chaque jour et autres seraient conservés par les particuliers, et les paniers, baquets ou autres contenants, étanches et faciles à transporter, seraient mis à la disposition de l'éboueur, sur le seuil de la porte, à heure déterminée.

Le service de l'ébouage, laissé à l'entreprise, aurait à relever les produits du balayage de la rue et à porter directement les paniers de chaque maison sur les voitures.

Celles-ci, tenues aussi proprement que possible, arriveraient à heures fixes, précédées de la sonnerie habituelle, et pourraient ensuite ou emporter directement leur chargement, ou le transborder

---

[1] Il serait peu rationnel de faire les premiers essais dans l'hiver, au milieu de l'inexpérience et des plus grandes difficultés du service qu'on surmonterait sans peine, au contraire, si chacun était d'avance façonné à sa besogne.

soit sur les bâteaux, soit sur les wagons, aux points déterminés par l'administration, pour les emporter immédiatement. En cas d'obstacle à la circulation par suite de gelée, dégels ou chômage, des dépôts provisoires seraient, comme aujourd'hui, autorisés aux lieux déterminés par l'administration pour être évacués conformément au cahier des charges. (Annexe n° 5.)

Il nous reste maintenant à apprécier le système ci-dessus au point de vue financier, en évaluant les dépenses auxquelles il devra donner lieu. C'est en quelque sorte le critérium de tout projet.

Comme point de comparaison, nous indiquerons d'abord le chiffre des dépenses inscrites au budget communal pour tout ce qui a rapport de près ou de loin au service de la propreté et de la sécurité de la voie publique.

L'année 1847, comparée à celles qui précèdent et aux années qui se sont écoulées depuis, semble présenter des chiffres normaux que l'on peut considérer comme exprimant la moyenne d'une période comprenant les dix dernières années.

Nous extrayons donc du budget de la ville les détails ci-après

Chapitre 1er. — Service du balayage et de l'ébouage.

Subvention à l'entrepreneur des boues.	15,000 fr.	
Loyer de terrain à Fives.	700	} 15,768 fr.
— — à l'Esplanade. . .	68	

Chapitre 2. — Service de la voirie.

Traitement de l'architecte.	3,000	
— de deux inspecteurs-voyers.	3,600	} 27,450
Entretien ordinaire du pavage. . .	10,850	
Relevés à bout.	10,000	

Chapitre 3. — Service de canaux et égouts.

Curage des égouts.	2,610	
— des canaux.	8,000	} 11,810
Nettoiement des urinoirs.	1,200	

55,028 fr.

Les besoins du nouveau système auraient nécessairement pour effet de transformer quelques-unes des dépenses précitées pour les appliquer aux exigences du service.

Ainsi, dans le premier chapitre, la subvention à l'entrepreneur des boues doit non-seulement disparaître, mais se voir dans un temps en rapport avec la concurrence plus ou moins active qui pourra surgir, convertie en un recouvrement au profit de la ville.

Quand aux sommes affectées aux loyers des divers terrains de dépôt de fumiers, elles ne sauraient être supprimées immédiatement pour les motifs que nous avons exposés ci-dessus.

Dans le chapitre du service de la voirie, le traitement de l'ingénieur de salubrité doit s'élever en proportion des connaissances spéciales, des services et de l'activité qu'on est en droit d'en attendre. Il ne saurait être inférieur à 4,000 fr., et déjà cette somme figure en partie au budget : les fonctions de l'architecte devenant plus étendues et plus limitées à la fois, plus spéciales en un mot.

Les inspecteurs-voyers ou les conducteurs de salubrité conserveraient le même traitement de 1,800 fr., l'expérience justifierait peut-être le maintien de deux employés seulement. Nous pensons cependant que l'accroissement de la besogne qui leur incombe autorise la prévision de l'augmentation de leur nombre qui serait porté à trois.

Les agents subalternes ou les cantonniers urbains, divisés en titulaires au nombre de vingt-quatre et en adjoint au nombre de six, devront recevoir, en moyenne, un traitement de 600 fr., taux maximum du salaire des cantonniers de l'État.

Le séjour de la ville entraîne nécessairement à des dépenses que ceux-ci évitent à la campagne. Il serait même à désirer que des logements à prix réduits leurs fussent accordés dans quelques bâtiments appartenant à la ville.

Nous avons prévu l'emploi d'auxiliaires, les gratifications à accorder aux cantonniers les plus méritants, la nécessité de leur avancer les outils nécessaires. On fera donc figurer à ces différents titres une somme éventuelle de 2,500 fr.

L'entretien ordinaire des pavés doit subir une réduction notable sur la main-d'œuvre, qui incombe désormais en partie à nos ouvriers, et que des réparations immédiates, ainsi qu'une propreté satisfaisante auront pour effet d'amoindrir beaucoup. On peut évaluer à 3,500 fr. environ l'économie à espérer.

Nous respecterons le total affecté aux relevés à bout tout en posant nos réserves sur la probabilité d'économies qu'amènera la bonne tenue des chaussées.

Le curage des égouts et des canaux se payant au mètre cube, le système d'ébouage proposé entraînera une diminution immédiate et considérable de l'envasement et des frais qui en résultent[1] ; en outre, la suppression du crédit de 1,200 fr. affecté au nettoiement des urinoirs réalise sur ce chapitre une économie d'environ 4,000 fr.

Quant au budget des agents de la police, quant à leur nombre, nous n'aurons garde d'y porter la main, c'est à l'administration, éclairée par l'expérience, d'apprécier soit les modifications qu'il y aurait à introduire, soit les accroissements qui pourront être évités, par suite des services que nos cantonniers sont appelés à rendre en ce qui concerne la surveillance matérielle de la voirie.

Ces considérations posées, nous établirons le budget de la salubrité de cette manière :

Chapitre 1er. — Service de l'ébouage.

Loyer de terrain à Fives ou autres.	700 fr.	} 768 fr.
— — à l'Esplanade. . .	68	

Chapitre 2. — Service de la voirie.

Traitement de l'ingénieur de salubrité.	4,000	
— de trois conducteurs. . .	5,400	
— de trente cantonniers. . .	18,000	
Frais accessoires, gratifications, auxiliaires, etc.	2,550	} 46,950
Entretien ordinaire du pavage. . .	7,000	
— extraordinaire.	10,000	

Chapitre 3. — Service de canaux et égouts.

Curage des égouts.		} 7,300
— des canaux.		

55,018 fr.

---

[1] Nous dirons ailleurs que les riverains, qui ont sur les canaux des servitudes continues et apparentes, doivent être appelés à concourir au curage de ces cours d'eau.

Toutes choses prévues et laissant en dehors les bonifications éventuelles, nous arrivons à constituer approximativement notre budget à l'aide des ressources qui s'y trouvent aujourd'hui consacrées.

Il ne saurait donc se présenter d'obstacles à soumettre à l'expérience des dispositions qui promettent à la ville une sécurité parfaite, une propreté inusitée, et qui préludent aux autres mesures de salubrité que nous aurons à proposer ultérieurement, et parmi lesquelles se présentera d'abord la question, neuve encore, des urinoirs publics, inaugurés à Lille de la manière la plus inintelligente, la plus contraire à l'hygiène et aux convenances de la morale.

CHAPITRE II.

En établissant dans nos rues des urinoirs publics, l'Administration a répondu, en principe, à l'une des améliorations que l'on signalait depuis longtemps parmi les plus urgentes. En effet, la ville de Lille, de plus en plus importante par l'affluence des étrangers qui la visitent incessamment, soit pour leurs affaires, soit dans l'intérêt de leurs plaisirs, voyait jusqu'ici les promeneurs s'arrêter au premier coin, souiller chaque maison, transformer chaque anfractuosité, chaque embrasure de nos portes, en urinoirs infects, d'où la matière liquide se répandait partout, sur les trottoirs et devant les façades de nos magasins. A certains moments, durant les jours de fêtes, plusieurs quartiers de la cité exhalaient des odeurs que l'on ne doit pas même rencontrer dans les lieux réservés à cet usage.

Par les nouvelles prescriptions, les dépôts d'urine ont été localisés, il est vrai; mais il faut bien le dire, les inconvénients de la liberté illimitée n'ont été supprimés dans certains points que pour être accumulés sur d'autres, aggravés même, et ils sont aujourd'hui intolérables.

Les urinoirs construits dans la ville de Lille, sur des modèles variés, ne nous semblent répondre d'aucune manière aux fins que l'on devait se proposer, en laissant même en dehors des indications que nous aurons à développer; l'hygiène, la morale, et un accès facile, tel est le triple but qu'il était important de ne pas perdre de vue dans l'exécution; on eut mis alors les plus grands soins à atténuer les inconvénients inséparables de ces appareils; on eut réfléchi qu'il est moins utile de dissimuler la construction que de la rendre accessible à ceux qui la recherchent, par des dispositions tolérables, sinon monumentales; que les personnes qui en font usage ne désirent ni voir ni être vues; qu'enfin, il est indispensable de restreindre, autant que possible, l'espace consacré aux matières, et que celles-ci doivent, dans l'intérêt de l'hygiène, disparaître sous le sol à l'instant même.

Le problème ainsi posé, examinons ce que l'on a fait à Lille, non pas afin de renouveler une critique trop facile et répétée chaque jour par les personnes qui ont à souffrir de l'état actuel, mais pour prévenir une foule d'objections qui pourraient s'élever contre nos propositions, et comme justification en quelque sorte.

Nous ne parlerons guère des urinoirs mobiles qui, avec la forme qu'on leur a donnée à la mairie, s'ils étaient attachés pour éviter les culbutes, si l'on y était plus masqué, vaudraient beaucoup mieux, malgré leurs émanations, que la plupart de ceux établis sur les autres points.

En commençant par les plus anciens de date, nous passons de suite aux nombreux urinoirs placés autour du théâtre. Ils sont d'un usage assez commode, il faut le reconnaître, l'écoulement des liquides s'y fait rapidement et utilement; mais quelle immense surface ne présentent-ils pas à l'évaporation! les murs de face, les murs latéraux, les radiers, le développement de la grille, peuvent ensemble mesurer trois mètres carrés pour chacun des 18 grands urinoirs, ou une somme totale de plus de 50 mètres carrés à découvert et soumis par moitié à l'insolation du matin, moitié à celle de la seconde partie du jour.

Les édifices plus récents sont munis de cuvettes en fonte d'un aspect assez satisfaisant; quelquefois la gouttière vient s'y rendre pour assurer les irrigations au moins pendant la pluie; ce système cependant n'est point parfait. Les cuvettes ne sont point accessibles aux enfants, et le pied en est constamment humecté par les urines. De plus, l'avancée de ces appareils force à s'écarter plus ou moins de l'embrasure pour éviter le contact sur les vêtements des bords du récipient; et, à défaut d'une forte saillie des constructions, il en résulte une mise en scène fort désagréable. Ajoutons que les tuyaux qu'on voit quelquefois engorgés ne conduisent pas toujours les urines sous le sol, mais tout simplement dans le ruisseau.

Plus tard on a établi, sur les ponts, les urinoirs rentrants, tous à hauteur d'appui[1]. Plusieurs de ces petits appareils sont évidés sous le garde-fou et obligent à un renversement très-peu commode, très-peu gracieux, les personnes qui se respectent; car les passants, en suivant le trottoir, leur marchent à peu près sur les talons, et les fenêtres des maisons voisines sont des observatoires où personne n'ose plus se hasarder. Tous ces urinoirs ont aussi des surfaces d'évaporation très-étendues, on ne s'en aperçoit que trop au passage. Leurs dimensions sont telles qu'on y voit quelquefois groupées deux et mêmes trois personnes. Bien que la plupart perdent les liquides directement dans la rivière, il en est plusieurs qui, par une incroyable négligence, jettent les urines sur un terre-plein malencontreux, où elles imbibent le sol et lancent dans l'atmosphère des odeurs épouvantables; nous citerons seulement celui qui tient au jardin botanique, celui de la rue de Gand, etc...

Nous arrivons aux urinoirs simples ou doubles bâtis le long des murs ou dans les angles des édifices; et pour éviter les répétitions,

---

[1] Celui de la rue Saint-Étienne est une exception, et la guérite suffirait au but si la paroi du fond ne revenait brusquement contre la face des visiteurs, et si l'accès en était facile.

nous ne parlerons que des premiers, laissant aux autres leur part des inconvénients que nous signalerons.

Les urinoirs doubles sont séparés par une pierre de 1 mètre de hauteur sur 30 centimètres de saillie pour les plus favorisés, de sorte que le haut du corps est parfaitement en évidence; et que si deux personnes s'y rencontrent, elles peuvent mutuellement plonger l'œil l'une sur l'autre, échanger des paroles de circonstance et confondre leurs haleines si fétides ou si avinées qu'elles puissent être.

Dans quelques endroits, et des plus fréquentés, on voit des séparations de 75 à 80 centimètres de hauteur sur 15 et même 10 centimètres de saillie. Il y a de ces pierres posées sur un trottoir constitué uniquement par une bordure sur laquelle on ne se peut guinder que par un tour d'équilibre. Force est bien de se tenir en dehors ; mais au pied du trottoir coule naturellement le ruisseau ; il faut donc s'éloigner encore, et cela dans des passages qui ont environ deux mètres de largeur. Ce n'est point aux extrémités de la ville qu'on voit ces choses-là : c'est au centre, c'est sur la place (la rue de la Nef, les débris Saint-Etienne). On croirait à peine que, dans des conditions comme celles que nous venons d'indiquer de saillie , de trottoir, de ruisseau, de largeur de voie, on avait placé un urinoir double, de chaque côté de l'entrée de la cour des Brigittines ! Nous n'entreprendrons pas la description de ce qu'était alors le passage ; le choc d'une voiture en a fait justice.

Nous venons de passer en revue les urinoirs étudiés spécialement sous le rapport des bienséances ; mais nous n'avons pas été plus heureux en les considérant au point de vue de l'hygiène, et nous n'avons pas terminé ce chapitre. On a cherché à les confiner en dehors des grandes artères, dans les ruelles souvent étroites, où la ventilation est insuffisante, et où il faut les connaître pour les retrouver au besoin. Les lavages et irrigations qui doivent être effectués chaque jour sont d'autant moins efficaces, que la présence des grilles s'oppose à l'action des instruments de propreté, et que souvent les pierres elles-mêmes sont préparées à la petite pointe de manière à receler les sédiments et les incrustations urineuses dans les ondulations qu'elles présentent.

Puis à la suite des récipients que nous avons décrits, on voit un simple fil d'eau rejetant les urines dans le ruisseau de la rue où elles parcourent des distances de plus de cent mètres en quelques points, imbibant la fange, infectant l'air sur leur passage, avant de trouver la bouche d'égout qui doit les recueillir ; d'autres fois encore, les urines n'ont pas d'écoulement du tout, par suite des contre-pentes des ruisseaux ; et quand il n'y a pas des pluies abondantes, elles doivent tout attendre de l'évaporation. Il est bien quelques exceptions où les urines s'écoulent directement dans l'égout, mais elles sont rares ; aussi les plaintes n'ont-elles pas manqué à ce sujet. Les personnes dont les habitations ouvrent leurs portes, leurs fenêtres le long de ces ruisseaux fétides, regrettent avec raison l'ancien laisser-aller et la dissémination qui en était la consé-quence.

Nous partagerions entièrement leur avis s'il n'y avait pas d'amé-liorations possibles dans cette partie importante des charges de nos édiles.

Mais ceux-ci ont déjà trop bien compris qu'il serait fâcheux de persévérer dans cette voie, pour ne pas saisir avec empressement des dispositions plus avantageuses à tous égards. Celles que nous allons proposer résolvent la question, et peuvent satisfaire d'autres intérêts : celui des finances de la ville d'une part ; et d'autre part celui bien plus grave de l'agriculture.

Que de richesses, en effet, ne sont pas jetées en pure perte dans ces aqueducs ? Et comment croire que dans un centre d'agriculture si renommé par le parti qu'il sait tirer de ces engrais liquides on n'ait pas songé à recueillir les matières les plus riches en principes fertilisants [1].

---

[1] Quelques personnes ont pu émettre l'avis de supprimer totalement les urinoirs en maintenant l'interdiction d'uriner dans la rue. — On se base sur

Nous n'avons point à insister sur les expériences chimiques ni sur les résultats pratiques obtenus et qui démontrent toute l'influence sur la culture de cette sécrétion si abondante en matières azotées.

Après MM. Payen et autres, un des économistes les plus distingués dont s'honore la ville de Lille, M. Loiset, estime que cet engrais, s'il était apprécié à sa valeur, serait beaucoup plus recherché que ceux de la plupart de nos vidanges [1].

Il y aurait donc une incurie complète à persévérer dans les errements actuels, alors que, par certaines dispositions avantageuses, on peut concilier toutes les indications que nous allons résumer succinctement en renvoyant à un dessin graphique les détails des diverses pièces de l'appareil [2].

---

les habitudes contractées par les personnes de l'autre sexe et par la proscription qui existe dans quelques villes. Londres en offre un exemple remarquable. Sans doute l'autorité a le droit de prendre une décision de cette nature. Elle pourrait encore recourir, comme amendement, à faire établir des urinoirs dans l'intérieur de quelques habitations, comme nous le demanderons pour les latrines; mais il y aurait là des inconvénients de plus d'un genre qu'on ne peut développer ici; et quant à la suppression radicale, elle commande, au préalable, des réformes complètes dans les habitudes non seulement des citadins, mais encore de tout le pays.

[1] Dans un petit mémoire écrit avec beaucoup d'élégance et de talent, sur les vidanges de Paris, M. Mille, ingénieur des ponts et chaussées, rappelant les avantages des engrais liquides sur ceux connus sous le nom de *Poudrette*, signale les déperditions nombreuses qui se font aux dépens de l'agriculture des environs de Paris. Ce travail, dont la forme fait oublier le fond, est d'un haut intérêt pour les personnes qui s'occupent d'hygiène publique.
(*Annales des ponts et chaussées*, 1854, mars et avril)

[2] En Belgique, le ministre de l'intérieur, après les recherches qu'il a fait entreprendre dans tout le royaume, et notamment d'après le mémoire de M. Schmit, conclut à prendre les mesures suivantes pour prévenir la déperdition des engrais.

1o Défense formelle de laisser écouler dans les égouts, les rivières ou les puits perdus, les matières fertilisantes, de quelques natures qu'elles soient, qui se produisent dans les habitations, les établissements publics, les usines, les fabriques, etc.

2o Obligation à toute personne qui élève, soit une maison, soit tout autre bâtiment où il se produit des matières fertilisantes, d'établir des fosses fixes ou mobiles, dont la capacité soit en rapport avec la quantité des matières produites;

1° Accuser franchement la construction;

2° En rendre l'abord facile et surtout décent;

3° Assurer l'intégrité du sol aux alentours;

4° Faire disparaître les urines immédiatement sous le sol;

5° Les amener dans des réceptacles faciles à vider au profit de la ville et dans l'intérêt de l'agriculture;

6° En faciliter l'entretien (balayage, lavage), par la nature des matériaux et par leur bonne disposition;

7° Enfin, les multiplier autant que le réclame le mouvement de la population.

On comprend dès lors qu'il est indispensable de n'en établir que là où existera un enfoncement ou une pierre ayant au moins un relief de 45 centimètres, à partir de la plaque verticale apposée au mur riverain.

En outre, il convient que cette pierre en relief, ou bien le coin de mur qui le remplace, soit terminé vers la rue par une partie renflée qui complète l'abri que l'on recherche. L'élargissement peut n'être que de 8 à 10 centimètres sur les faces latérales du petit mur en relief. D'autre part, il est indispensable, pour produire un isolement complet, que toutes les parois verticales de l'appareil s'élèvent au-dessus des plus hautes tailles, et qu'un petit toit en

---

3° Obligation de construire ces fosses d'après les conditions déterminées par l'autorité compétente, et propres, en tous cas, à garantir à la fois la salubrité publique et la conservation des matières fertilisantes;

4° Etablissement sur fosses de latrines et d'urinoirs publics dont le nombre soit en rapport avec la population;

5° Obligation d'en faire les vidanges et d'en opérer le transport par des procédés et avec un outillage qui sauvegarde complétement la salubrité publique.

6° Etablissement de fosses de dépôt au dehors des villes et à portée des consommateurs, si la vente et l'enlèvement réguliers, au moment de l'extraction, ne sont pas assurés;

7° Obligation de faire le balayage des rues et le curage des égouts, ruisseaux, rivières, canaux, à des époques déterminées, et transport immédiat des résidus dans les lieux de dépôt au dehors des villes et à portée des consommateurs.

zinc avec une nochère abrite, en cas de pluie, les personnes forcées de s'y arrêter.

C'est d'après ces principes qu'est conçu le projet d'urinoir qu'indique le dessin joint au présent rapport, et qui se compose d'un plan, une élévation et de deux coupes verticales.

Les détails qui y figurent suffisent pour faire connaître les parties principales de l'appareil ; mais pour l'intelligence de chacun, il convient de l'accompagner d'une courte description.

L'urinoir, supposé double, est établi le long d'une rue contre une façade riveraine. Il se compose de trois parties principales :

Au-dessous du sol, d'un réservoir destiné à recueillir les matières liquides ;

Au niveau du trottoir, d'une cuvette percée d'une ouverture destinée à recevoir ces matières ;

Au-dessus du sol, d'une pierre de taille verticale, perpendiculaire au mur riverain, formant séparation des deux urinoirs contigus, de plaques verticales en pierre très-lisse au-dessus de la cuvette de l'urinoir et d'un toit demi-circulaire surmontant le tout.

Le réservoir est muni d'un couvercle au niveau du trottoir, qui permet d'y introduire un récepteur mobile d'un maniement très-facile et qui, introduit convenablement, vient prendre, par son propre poids, la place qu'il doit occuper dans le réservoir. Le récepteur n'offre à l'évaporation qu'une étroite ouverture. Dans le cas où quelques matières tomberaient à côté du récepteur, elles pourront, par une perte d'eau rejoindre l'égout voisin.

Un conduit, creusé dans une pierre de taille sur laquelle repose la cuvette, amène dans le réservoir les eaux tombées dans celle-ci. L'inclinaison en est très-forte ; il sera facile de le tenir en état de propreté.

La cuvette, formée d'une seule pierre, offre des surfaces inclinées qui aboutissent à une ouverture verticale dirigeant les matières dans le conduit dont il vient d'être parlée. Ces surfaces en pierre[1] calcaire noire, polie, sont inclinées de telle sorte que l'action projetante des matières lancées ne puisse pas incommoder la personne placée sur le seuil de la cuvette. Ce seuil fait saillie de 7 à 8 centimètres sur le pavage du trottoir.

La pierre de stalle qui sépare les deux appareils contigus fait saillie de 45 centimètres sur le nu du mur riverain; elle s'élève à 1 mètre 80 environ au-dessus du niveau du trottoir. Vers la rue, elle est terminée par deux saillies, de telle sorte qu'à cette extrémité elle a une épaisseur de 30 centimètres, tandis qu'à l'intérieur cette épaisseur n'est que d'environ 15 centimètres[2].

L'intérieur des parois verticales de l'appareil est tapissé de plaques lisses, en lave de Volvic ou de poterie vernissée (silicatée). Ces plaques ont un développement en largeur de 70 centimètres, et 1 mètre de hauteur.

Ces dimensions données, nous croyons utile de mettre en regard un autre système, heureusement appliqué à Cambrai, où la ville s'est imposé des sacrifices intelligents en améliorations hygiéniques. Des cloches en fonte reçoivent les liquides et se vident au moyen d'un opercule qui permet l'introduction d'une pompe qu'on y adapte chaque jour.

A nos yeux cette disposition onéreuse doit avoir l'inconvénient de faciliter les dépôts urineux capables de détériorer rapidement la fonte.

Toutefois, ce n'est que par la comparaison dans la pratique qu'il

---

[1] L'enduit de silicate de chaux liquide (dont le dépôt est à Saint-Quentin) semble de nature à résister aux incrustations si difficiles à prévenir.

[2] Peut-être eussions-nous dû demander un barrage ou garde-corps comme ceux que l'on voit aux guérites des boulevards de Paris ou autre pour empêcher de leur donner une autre destination ou même de s'y cacher la nuit. Ce sont des mesures de police dont l'usage fera peut-être reconnaître la nécessité; mais ces défenses avancées ont toujours l'inconvénient de tenir les personnes à distance, parce qu'on se défie de leur contact, et elles peuvent nuire à l'exécution du balayage.

est possible de résoudre les incertitudes où l'on est encore, et la ville de Lille ne doit pas reculer devant des essais bien dirigés.

Nous reproduirons donc aussi le plan [1] de ces urinoirs, et nous passerons à une autre question.

Quelle que soit la bonne tenue et la multiplicité des urinoirs dont il vient d'être parlé, ils ne peuvent suffire à toutes les indications posées par la nature et par nos habitudes civilisées. Cette circulation, ce mouvement dont nous avons parlé, motivent suffisamment, dans une ville aussi étendue, la création de latrines publiques qu'il serait inutile, sans doute, de multiplier autant que les urinoirs ; cela se comprend ; quatre ou cinq locaux répartis convenablement, à proximité des rues les plus fréquentées, pourraient suffire à toutes les exigences.

Ce que l'on a pu voir quelquefois des latrines publiques est assurément capable de faire repousser tout d'abord une proposition de cette nature. Aussi convient-il d'indiquer de suite qu'il s'agit ici de latrines bien tenues et d'une propreté surveillée minutieusement, ce qui n'est pas aussi difficile qu'on pourrait le croire.

Deux moyens se présentent pour arriver à ce but : l'entreprise particulière ou la construction par la ville.

Dans le premier cas, des primes annuelles pourraient être accordées à quelques particuliers qui s'engageraient à donner accès aux latrines de leurs habitations, lesquelles devraient réunir certaines conditions spécifiées par un cahier des charges, et dont les principales seraient un abord facile par un corridor ; plusieurs cabinets, deux au moins, bien séparés ; des dispositions de tuyaux d'appel ou autres moyens qui les rendent inodores, possibilité d'avoir sous la main l'eau nécessaire aux nettoiements. Les avantages qui reviendraient à l'entrepreneur, outre la prime et l'augmentation du produit des fosses, se composeraient des petites rétributions facultatives des personnes qui en feraient usage.

---

[1] Nous devons, à l'obligeance de M. Debeaumont, membre du Conseil général, les détails qui précèdent.

Il est bon de remarquer que les conditions ci-dessus sont celles du plus grand nombre des habitations, et que d'un autre côté une foule de professions sédentaires, exercées dans l'intérieur des maisons, au rez-de-chaussée, des quartiers du fonds, pourraient se prêter sans fatigue à une surveillance complète de ces locaux : nous citerons les tailleurs en chambre, les couturières, les cordonniers, les plieuses de fil, les éplucheuses de coton, etc, etc.

Il s'établira donc, sans bourse déliée, pour ainsi dire, une petite industrie spéciale. Une indication sur la porte, comme on voit à Paris pour les établissements semblables, suffirait au public, à qui les cantonniers urbains pourraient toujours donner les renseignements désirables; car le service de salubrité aurait à vérifier la bonne tenue de ces locaux.

Dans la seconde hypothèse, où la ville interviendrait plus directement en construisant elle-même les cabinets, soit qu'ils fussent ouverts près de la voie publique, soit qu'ils fussent aussi relégués dans le fond des habitations, comme par exemple dans les maisons appartenant aux bureaux de bienfaisance, et qu'on transforme en maisons modèles pour les ouvriers, ou mieux encore dans les bureaux de charité, qui ont toujours un concierge, et qui se trouvent en général près des paroisses, etc. etc. Il y aurait à prendre les dispositions les plus efficaces pour les rendre inodores. Il faudrait les surveiller également par des préposés attentifs.

On vient de voir que dans les bureaux de charité les concierges seraient naturellement en position de remplir cette mission; ailleurs il pourrait être disposé de petits logements destinés aux cantonniers mariés, dont les femmes se chargeraient de l'entretien convenable des cabinets et du service, ce qui ne manquerait pas de leur tourner à profit [1].

---

[1] Quel que soit d'ailleurs le mode adopté, il ne sera pas sans importance de rappeler ici sommairement les dispositions reconnues efficaces pour assainir les fosses d'aisance établies comme elles le sont dans le Nord. La plus simple, la moins dispendieuse, est de faire communiquer, par un tuyaux assez large, la

Ces détails minutieux, dans lesquels nous sommes obligés de descendre pour démontrer la possibilité pratique de ces moyens, nous seront sans doute pardonnés en faveur de l'importance du sujet.

Tout repoussant qu'il soit, nous avons cependant encore, avant de terminer, à parler d'une autre phase de la question : de la vidange des fosses d'aisance.

C'est un usage immémorial que celui pratiqué dans nos murs. S'il est un des plus simples, il est aussi des plus répugnants. Comment n'a-t-il pas été modifié? La réponse à cette question se relie à tant d'intérêts divers, qu'il est indispensable de les rappeler au moins sommairement.

L'engrais *flamand*, on le sait, n'est autre chose que le produit de nos fosses d'aisance auquel les cultivateurs ajoutent, quand ils le peuvent, des tourteaux de colza ou d'œillette : le tout est mélangé de temps à autre dans des citernes spéciales et transporté sur les terres en temps utile. A l'effet de recueillir l'engrais, chaque cultivateur possède un outillage en rapport avec l'importance de l'exploitation : une voiture, des tonneaux et un sceau de cuivre attaché à une corde de quelques mètres de longueur.

Les marchands de légumes arrivent le matin portant à l'avant de l'équipage les produits de leur culture, et à l'arrière les tonneaux destinés à la vidange, empilés les uns sur les autres; aussitôt les marchandises déballées, ils remplissent leurs tonneaux et profitent ainsi du retour de leur voiture pour approvisionner la citerne.

Les autres cultivateurs font des voyages spéciaux avec une ou

---

partie la plus élevée de la voûte de la citerne avec une cheminée en activité; si l'on est privé de cet expédient, il faudra prolonger le tuyau dont il vient d'être parlé à une grande hauteur. Il est prudent, surtout dans ce dernier cas, d'établir un second tube sous le siége et près de l'ouverture pour rejoindre le premier ou le rendre dans une cheminée.

Si le tube devait traverser un escalier, comme on le voit souvent dans les constructions restreintes de Paris, et que l'on ait à éclairer cet escalier, on obtient un tirage parfait en plaçant la lumière, ou un bec de gaz dans l'intérieur de la cheminée d'appel à l'aide d'une ouverture latérale que l'on ferme par un verre.

plusieurs voitures, et viennent acheter à nos domestiques les
matières qu'elles ont trop d'intérêt à falsifier pour n'y point
mélanger souvent les eaux de ménage, et souvent même l'eau
limpide de la pompe. Cependant l'abondance des liquides amène
quelquefois de la dépréciation qui abaisse le prix convenu. Les
fraudes de cette nature ont lieu surtout alors que les marchés sont
passés avec des courtiers spéciaux à qui le cultivateur s'adresse
quelquefois quand les habitués ne lui suffisent pas; quoiqu'il en
soit, ce prix varie entre 15, 20 et 25 centimes le tonneau.

Il y a donc là un revenu important pour la domesticité lilloise,
quand ce ne sont pas les chefs de maison eux-mêmes qui en profitent, soit qu'ils le fassent figurer dans les gages de leurs servantes,
soit qu'ils n'en tiennent aucun compte à celles-ci, comme cela se
voit dans les grands établissements [1].

Si, par une disposition réglementaire quelconque, ce revenu
éventuel venait à manquer aux domestiques, il n'est pas douteux
que, par le fait seul, le prix des salaires s'élèverait immédiatement;
il est donc facile de comprendre la réserve apportée par l'Administration dans les prescriptions qui s'y rapportent.

Ces usages ont donné lieu à des constructions intérieures qui ne
permettent guère de les changer; si, d'une part, les cultivateurs
viennent, suivant leur convenance, chercher peu à peu chaque
jour les précieux engrais; de l'autre, les vendeurs ne sont pas
fâchés de toucher souvent une partie de leurs rentes; de sorte que
les latrines de nos habitations, parfaitement citernées pour éviter
toute déperdition, sont d'une exiguïté qui exige de fréquentes
vidanges, et qui s'opposerait par conséquent à l'exploitation par un
ou plusieurs adjudicataires des vidanges de la ville; car il faudrait
un matériel considérable s'il n'était pas autorisé à travailler toute
la journée.

---

[1] Les budgets de nos hôpitaux font entrer en recette le produit des fosses
d'aisance. L'adjudication élève le prix à 2 fr. par individu et par an.

Faisons remarquer de suite que ces opérations répétées ont du moins l'avantage de ne point favoriser la décomposition qui donne au gaz des fosses d'aisance cette fétidité dangereuse, cette irrespirabilité si funeste, quand on se hasarde sans précaution dans les latrines très-longtemps fermées.

Ce n'est pas à dire pour cela que la chose soit sans inconvénient, comme le prétendent les intéressés. Il n'est pas un étranger qui ne soit révolté des émanations produites chaque matin, jusqu'à huit heures, par la circulation des voitures de nos fameux tonneaux, et il ne faut pas même être étranger pour en ressentir grandement les incommodités, lorsque les occupations forcent à descendre de bonne heure dans la rue ou lorsqu'on veut donner de l'air à ses appartements. Les instruments de cuivre ou d'argent, les peintures à la céruse se ternissent dans ce dernier cas très-facilement, et il reste pendant une partie du jour dans les habitations, une atmosphère dont on ne se débarrasse qu'avec peine. Or, comme ces inconvénients se répètent tous les jours, il semble indispensable d'y chercher un remède.

Il est facile de s'assurer que les émanations qui se dégagent pendant le trajet proviennent d'abord de la négligence avec laquelle la vidange a été faite, et en second lieu du défaut d'obturateur hermétique des tonneaux.

En effet, on se borne, pour emplir les vases, à plonger dans la fosse, à l'aide de la corde, le seau de cuivre, et on le vide en le renversant d'une main dans le tonneau par l'orifice de forme carrée d'un décimètre de côté. Ces manœuvres répétées jusqu'à réplétion ne peuvent s'exécuter sans qu'il s'en répande sur le bord de la bonde, et souvent la surface externe du tonneau en est inondée ; on l'essuie à peine avec un tampon de paille qui est consacré à servir d'obturateur de l'orifice : la tonne en cet état est replacée sur la voiture, et quand le chargement est achevé de cette manière, la marche commence. Les cahos alors font jaillir la matière contre la paroi supérieure, et l'ouverture quadrilatère, mal bouchée par le tampon plus ou moins rond, plus ou moins perméable, donne issue à une certaine quantité du produit de la vidange.

Il y a là des pratiques grossières et indignes de notre civilisation. Si, pour dernier trait au tableau, nous disions que plusieurs orifices des fosses d'aisance sont placées en dehors des habitations, dans la rue, que les ouvriers, après leur opération, vont souvent laver leurs mains, leurs vases de cuivre dans le ruisseau ou à la pompe voisine, on sera édifié sur le dégoût que cela doit inspirer, et sur les atteintes qui en doivent résulter pour la salubrité.

Cette énumération des faits qui se produisent chaque jour dans notre ville resterait sans but si nous n'avions entrevu la possibilité d'atténuer beaucoup, si pas d'anéantir entièrement, les désagréments de ce mode de vidange, en évitant de souiller extérieurement les tonneaux et en les fermant ensuite d'une manière exacte. On obtiendrait ce résultat en interdisant tout autre mode de vidange que par la pompe, et en obligeant à clore les ouvertures des tonneaux par des bondes en bois recouvertes de terre glaise [1], trèsfacile à se procurer ici; en proscrivant sur la voie publique le lavage des instruments qui se ferait dans l'intérieur des maisons de manière à ne donner lieu à aucune odeur dans le trajet.

Disons sommairement que les pompes *ad hoc*, prescrites comme nous l'avons dit, pourront être ou la propriété du cultivateur qui économiserait du temps et de la main-d'œuvre, soit dans la vidange, soit dans le déchargement des citernes, ou bien leur être louées par les courtiers dont nous avons déjà parlé, soit à prix fixé par la ville, soit à l'amiable.

Ce ne serait là gêner en rien les habitants de la cité, ni les antiques habitudes des campagnards, et ce serait débarrasser la ville de l'une des incommodités les plus marquées, sans grever en rien le budget et sans rien soustraire à l'agriculture.

---

[1] Si la glaise paraissait insuffisante pour maintenir les bords, on pourrait exiger qu'une charnière en fer l'assujétisse entièrement comme cela se fait à Paris.

CHAPITRE III.

Dans la première partie de ce mémoire, au nombre des causes productrices de la boue de nos rues, nous avons signalé le mode de pavage employé à Lille, et nous faisions pressentir quelques détails sur l'application de méthodes perfectionnées.

En les abordant, il est bon de faire remarquer que sous ce titre nous comprendrons non-seulement la chaussée proprement dite, mais les ruisseaux, les trottoirs et même les constructions riveraines.

Les dangers qu'ils peuvent offrir à la circulation, les incommodités qui entravent le commerce, l'insalubrité surtout, doivent être étudiés ici sans perdre de vue qu'il s'agit de charges permanentes pour la cité.

On a déjà dit comment il se faisait que le balast qui entre dans la composition des chaussées pouvait à Lille contribuer, en temps de grande humidité, à la formation d'une boue insalubre. Nous ajouterons de suite que cet effet, dû à la finesse et à l'impureté du sable généralement en usage dans la localité, est encore aggravé par l'usure, l'irrégularité, et jusqu'à la nature du grès employé dans la plupart de nos rues.

La pâte qui constitue en général ces pavés un peu tendres est une combinaison de substance calcaire et d'une certaine proportion de silice, que l'on trouve aux environs d'Arras et de Béthune. Si on plonge dans l'eau, même les plus durs, ils en absorbent une quantité notable qu'ils semblent retenir avec énergie lorsqu'ils sont ensuite exposés à l'air sec. Les uns à surface large, lisse et bombée, fatiguent beaucoup les piétons et les chevaux ; les autres, de faible dimension, irréguliers, sont séparés par des joints considérables. C'est surtout à l'époque des réparations que l'on peut apprécier, dans la forme, l'étendue entre les lignes de grès de ce balast devenu noir, infecte et facilement détrempé par les eaux.

Tous les efforts du service doivent donc tendre à changer peu à peu, mais d'une manière absolue, cette situation, en améliorant, d'une part, la nature et la forme des grès, et de l'autre, la pureté ainsi que l'imperméabilité du balast.

Si, comme il arrive à Dunkerque et dans quelques villes de notre littoral, le sous-sol sur lequel s'appuie la chaussée était complétement perméable, le balast n'aurait d'autre condition à remplir que de donner une solidité et une élasticité plus grande à la chaussée; et, dans ce cas, un sable bien pur et bien homogène atteindrait entièrement le but [1]; mais, à Lille, les conditions dont il a déjà été parlé sont toutes différentes; et au lieu de ne voir dans le sous-sol qu'un immense crible qui laisse passer les eaux, il faut, au contraire, le considérer comme un écran qui arrête, en les absorbant partiellement, les matières liquides descendues à son niveau.

On pourrait être conduit dès lors à espérer des avantages suffisants en substituant au sable fin argileux un sable graveleux, offrant, d'une part, plus de résistance au contact de la terre amollie qui le reçoit, et, d'autre part, passant avec plus de peine par les joints des pavés.

Dans ce cas, la difficulté de trouver à Lille un sable de cette nature, que ne donne aucune des carrières situées dans les contrées environnantes, ne serait pas insurmontable, car on pourrait s'adresser aux carrières de gravier, et en réserver pour le pavage toute cette partie tenue que l'on sépare avec soin en le passant à la clef du gravier en usage sur les routes [2] et qui vient généralement des carrières d'Arques près Saint-Omer.

Toutefois, en admettant que l'on puisse trouver une semblable matière à un prix raisonnable, son emploi aurait toujours pour

---

[1] Il faudrait encore, dans le cas où le sol serait perméable, se préoccuper de l'influence des infiltrations sur l'eau des puits.

[2] Un mélange de sable et de cendre de houille ou autres résidus de fabrique pourrait aussi remplir les conditions ci-dessus.

résultat de laisser filtrer jusqu'à la surface du sous-sol une partie des liquides plus ou moins impurs qui bientôt détremperaient encore comme aujourd'hui cette première couche terreuse, en la rendant meuble et malsaine à ce point, que pendant les chaleurs, l'odorat le moins exercé peut en apprécier les émanations délétères. Aussi, dans notre opinion, est-il indispensable d'assurer l'imperméabilité complète du balast, de telle sorte que toutes les eaux qui viendraient à son contact, ne trouvant aucune issue, soient immédiatement forcées de gagner le ruisseau et l'égout.

Il est reconnu que le mélange intime de chaux hydraulique de Tournai avec le premier sable venu, dans la proportion de un huitième de chaux sur un de sable, remplit convenablement le but, et il y a lieu de penser qu'on pourrait arriver au dosage de un de chaux à dix de sable. Il y a une quinzaine d'années, des expériences ont été faites par M. Davaine, alors ingénieur de l'arrondissement, sur la route impériale n° 17, aux abords de Pont-à-Marcq, sur la route départementale n° 14 de Lille à Roubaix, et à Lille, dans la rue de Tournai. Tous les emplacements de ces ouvrages sont pendant fort longtemps restés très-unis, sans exiger aucun travail d'entretien. Ce fait doit d'autant moins étonner qu'il est bien reconnu aujourd'hui que la solidité, la durée d'un pavage dépend en grande partie de son *substratum* [1].

L'épreuve a donc été concluante, et l'on ne peut attribuer qu'à des changements survenus dans le service l'abandon d'une méthode perfectionnée et applicable surtout aux chaussées des villes, où, par suite du trafic, les remaniements nécessaires à l'entretien sont souvent difficiles et toujours onéreux [2].

---

[1] L'antique méthode des Romains était généralement de donner trois pieds d'épaisseur à leur pavé, qui se composait de deux couches de pierres plates au fond, d'une couche de matériaux plus grossiers par dessus, et ainsi de suite en couches régulières dont la dernière n'était autre qu'un béton dans lequel on fixait les pierres de la surface.

[2] Les tranchées faites dans les rues pour pose et raccordement de tuyaux de gaz ou autres sont souvent un grand obstacle à la circulation en même temps

La mise en œuvre de ces matières exige quelques préparations préalables qui ont leur importance pratique. Ainsi la chaux hydraulique doit être éteinte et réduite en poudre; il faut qu'elle soit ensuite mélangée intimement avec le sable. Ces manipulations, pour être surveillées et satisfaisantes, nécessiteraient l'emploi d'un local *ad hoc* où elles seraient exécutées avec tout le soin qu'elles comportent, de manière à ne conduire aux ateliers de paveurs que le mélange prêt à être mis en œuvre. La petite dépense qui en résulterait, et qui peut s'élever de 50 cent à 1 fr. du mètre cube, doit entrer en ligne de compte dans la comparaison par laquelle nous devons compléter nos remarques sur le système, entre le prix de revient de ce balast et le prix du sable usité aujourd'hui.

En admettant que le dosage de la chaux hydraulique soit d'un huitième par rapport au sable, le sous-détail du prix au mètre cube de mélange pourrait être ainsi établi, savoir :

0 m. 875 de sable ordinaire à 6 fr. . . . . . 5 fr. 25 c.
0 m. 125 de chaux hydraulique non éteinte, à 46 fr. 2   »
                                                         ————
                                                         7   25

En supposant au dixième le dosage de la chaux, le prix du mélange serait de 7 francs.

Si l'on voulait faire usage à Lille de sable graveleux préférable au sable ordinaire, le prix de cette matière ne s'élèverait pas à moins de 7 fr. 50, et l'on estime que le meilleur sable en usage, celui de Saint-Omer ou d'Ostricourt, coûte, rendu à pied-d'œuvre, 7 francs.

En résumé, l'emploi du balast hydraulique n'élèverait au plus que d'un huitième le prix du sable, et en l'affectant uniquement à

---

qu'à la solidité de la voie. Les tassements inégaux ainsi établis produisent à la surface de la chaussée des ruptures fâcheuses. On pourrait éviter tous ces inconvénients en plaçant ces tuyaux de conduite sous les trottoirs, dans les cas où il serait impossible de les poser dans les égouts.

4

l'exécution des travaux de pavage neuf ou de relevés à bout, on n'augmenterait que d'une manière peu notable la somme actuellement affectée à ce travail; mais cet excédent, par la suite, se traduirait en une très-grande économie d'entretien [1], et comme on l'a indiqué ci-dessus avec avantage pour la circulation, non moins que pour la salubrité en vue de laquelle nous aurons encore des modifications à réclamer plus loin.

En ce qui touche le choix et la nature des pavés, on peut reconnaître que depuis cinq ou six années le service municipal est entré dans une voie de progrès.

Les travaux neufs ou de grosse réparation exécutés en différents endroits (rue du Molinel, des Sept-Sauts) indiquent une tendance vers les bonnes méthodes usitées par les ponts et chaussées. Les grès neufs dont on a fait usage sont d'une qualité bien préférable aux anciens; c'est une espèce de pierre porphyrique provenant de la Belgique. Les carrières de Quenast, près Mons, ont une réputation déjà ancienne et méritée, qui doit leur assurer la préférence. Mais, quant à la forme, il y aurait surtout un excellent modèle à suivre, celui du service municipal de la ville de Paris.

Les derniers perfectionnements apportés au pavage de la capitale, inspirée des améliorations introduites en Angleterre [2], consistent à choisir ces matériaux parmi les plus durs, les plus imperméables et

---

[1] Le système usité par M. Haywood, *surveyor* actuel de la cité de Londres, paraît devoir donner une construction inébranlable et parfaitement imperméable, mais il est beaucoup plus coûteux comme premier établissement.

Il fait creuser la chaussée jusqu'à une profondeur de dix-huit pouces et remplir cette forme de granit concassé sur la surface duquel il étend une couche de sable fin; sur ce dernier lit repose le pavé que l'on assujettit à la hie, et dans les joints duquel on coule un mélange de chaux liquide et de sable (un sixième ou un septième de chaux pour un de sable). La surface du pavé est ensuite recouverte d'un gros sable qu'on laisse séjourner pendant trois semaines.

La soudure qui s'établit ainsi est telle que, si l'on doit le démolir, il faut, pour enlever le premier pavé, qu'un paveur et son aide travaillent trois ou quatre heures. (Rapport de M. Darcy.)

[2] Des essais nombreux, tant sur la nature que sur la forme des pavés, ont été faits en Angleterre depuis 1826.

à leur donner, au lieu de la forme cubique généralement usitée, celle d'un parallelipipède allongé, à base rectangulaire, ayant à la surface une longueur de 0,22 ou 25 centimètres sur une largeur de 10 à 14 centimètres.

Les grands avantages de ces dimensions sont de diminuer le nombre et la largeur des joints dans le sens de la marche [1], tout en maintenant assez d'aspérités pour la sûreté du pied des chevaux ; de donner plus d'assise et de solidité au pavage par un entre-croisement plus marqué des boutisses, sans cependant rien enlever à l'élasticité de la chaussée, qu'il est important de conserver non-seulement dans l'intérêt du pavage, mais encore dans celui des constructions riveraines.

C'est surtout dans les rues où la circulation a une grande importance que ce système a été appliqué.

Il est bien vrai que le commerce livre les grès dont il s'agit à un prix un peu plus élevé que celui des grès équarris. Mais d'ic peu de temps, les habitudes étant faites aux carrières, l'on peut prévoir que les prix de livraison des deux modèles seront sensiblement les mêmes.

Le seul obstacle à l'introduction de ce mode dans notre localité serait dans la difficulté d'amener les ouvriers de carrières à l'adopter. Mais si l'on est parvenu à le lever pour les carrières qui approvisionnent Londres, Paris et d'autres grandes villes, il n'est pas douteux qu'on y arrive également pour celles qui fournissent le département du Nord.

Ce résultat dépend évidemment de l'initiative que voudraient prendre les administrations intéressées, et dussent-elles augmenter momentanément les prix qu'elles accordent, l'amélioration du service doit les porter à adopter cette méthode déjà expérimentée à

---

[1] La parfaite union des lignes de pavés procure une usure uniforme, tandis qu'ils s'arrondissent avec de grands joints, comme on le voit à Lille. Cet effet est encore produit quand on les dispose en lignes diagonales, ce qui favorise le bris des angles.

Lille, où l'on peut voir un exemple très-satisfaisant de l'effet produit par un pavage de ce genre, dans la rue des Sept-Sauts ; la ville ayant eu à sa disposition des grès de démolitions provenant d'un soubassement de murs d'édifice, les utilisa, tout irréguliers qu'ils étaient, comme grès de pavage. Le travail a été fait il y a au moins quatre ans ; et malgré toute la circulation qui s'opère en ce point, on ne remarque pas de déformation sensible de la chaussée.

Ce n'est donc pas à la théorie seule que nous renvoyons les personnes compétentes, mais bien à la pratique.

Nous demandons simplement à la ville de ne point perdre le fruit des expériences heureuses qui ont été faites dans son enceinte, et pour ainsi dire sous la direction de ses magistrats, tant pour le balast que pour la forme et la nature des grès.

Nous devons néanmoins faire remarquer que des pavés d'un modèle plus petit, que des grès même anciens, quand ils ne sont pas trop détériorés par l'humidité, peuvent être parfaitement utilisés dans les rues moins fréquentées, si on veut les asseoir sur un balast convenable ; mais une condition importante dans l'emploi des grès, que l'on considère trop facilement comme hors de service[1], c'est de les choisir minutieusement, de réunir les modèles semblables, et de n'employer qu'une seule forme, une même grandeur dans chaque rue, en évitant ainsi les irrégularités qui nuisent à la solidité de la construction et augmentent beaucoup les joints ainsi que la main-d'œuvre.

Le système de pavage à grès de boutisses (ainsi qu'on peut le désigner), outre la solidité, a encore l'avantage de bien s'adapter

---

[1] On a dernièrement vendu à vil prix une quantité considérable de grès dont on aurait certainement tiré un excellent parti d'après les indications que nous venons de signaler. On aurait pu paver ainsi à peu de frais la façade de l'Esplanade qui, dans toute une grande étendue, est encore à faire.

Des ingénieurs anglais donnent encore aujourd'hui la préférence aux pavés de petit équarrissage fondés sur des lits de gros gravier, de cassons de briques, de granit ou autres, et assis sur une couche de sable mélangé de chaux.

à l'établissement et à la consolidation des fils d'eau le long des bordures de trottoirs.

Ces deux accessoires de la chaussée, ruisseaux et trottoirs, laissent encore à Lille (comme d'ailleurs en beaucoup de nos grandes cités) un vaste champ aux améliorations; il convient donc, en ce qui les concerne, de s'appesantir sur les détails.

Les premiers ne sont point partout favorables à l'écoulement des eaux, par suite du peu de soin apporté à leur construction et à leur entretien. Ils offrent fréquemment des causes d'arrêt, de stagnation et de fétidité. Formés souvent par des grès trop petits d'échantillon, privés de fondation, mal assurés, sous la triple influence des eaux qui détrempent, du balai qui déchausse, des voitures qui ébranlent, ce pavage grossier et superficiel s'enfonce irrégulièrement de manière à ne présenter bientôt qu'une suite de paillers et de contre-pentes où se forment de petites mares infectes. En vue d'obvier à une partie de ces inconvénients depuis la création des trottoirs, beaucoup de riverains ont établi des fils d'eau en pierres de taille posées bout à bout. En diminuant le nombre des joints, ce système en effet pouvait donner, dans de bonnes conditions d'établissement, d'excellents résultats.

C'était bien ici le cas de faire emploi de solides fondations en formant un balast de cassons de briques ou de gravier, de manière à remédier par un lit incompressible au défaut d'épaisseur de ces plaques. Mais, au mépris de ces sages précautions, la pierre de taille mince est assise sur une faible couche de sable reposant lui-même sur un fond plus ou moins meuble et détrempé. Aussi se sont-elles bientôt enfoncées irrégulièrement ; leurs axes se sont croisés et aux points de jonction le fil d'eau s'est également trouvé converti en lagunes fétides, que le balayage, quelque soin qu'on y mette, ne parvient pas toujours à faire disparaître même momentanément.

C'est encore la ville de Paris qui va nous fournir, à l'égard de cette partie importante de la voie, le meilleur modèle à suivre quant à la forme. On y supprime le pavé de revers, celui qui est placé en contre-pente au pied de la bordure du trottoir, et le versant de la chaussée s'avance dès lors à la rencontre du parement même de cette bordure, de telle sorte que l'eau glisse dans l'angle formé par ces deux surfaces.

Il est facile de se rendre compte des avantages offerts par ces dispositions. L'un des premiers est de ne former qu'un tout des trottoirs et de la chaussée, en leur assurant un point d'appui réciproque, tandis que dans la ligne brisée de l'autre méthode, le versant de la chaussée est pour ainsi dire abandonné. Le pavé de revers étant lui-même très-mal assujetti contre la bordure dont il peut d'autant moins prévenir le renversement qu'il ne repose que sur la fange.

Hâtons-nous de dire qu'il est plusieurs conditions indispensables pour donner à cette combinaison les avantages qu'elle comporte [1].

Nous ne reviendrons pas sur l'utilité d'un balast incompressible exécuté comme il est dit plus haut; l'imperméabilité de cette matière est surtout importante ici [2]. Nous supposons les grès de grand échantillon et convenablement disposés; c'est-à-dire, avec une pente suffisante pour amener les eaux contre la bordure [3]. Celle-ci, de son côté, doit avoir des dimensions telles qu'elles offrent une certaine résistance au choc, à la pression des roues de voitures, et une section rectangulaire gardant à la queue autant de largeur qu'à la tête, avec assez de hauteur pour que la base corresponde à l'extrémité inférieure des pavés attenants, et que le même balast puisse servir de fondation à l'une et à l'autre pierre.

---

[1] Si l'essai de la rue de Gaud n'a pas entièrement réussi, cela tient à quelques imperfections dans l'exécution; celui de la rue du Molinel paraît plus heureux.

[2] Pourquoi faut-il que l'ébranlement des voitures ne permette pas de cimenter les ruisseaux à la cendrée dans une certaine largeur?

[3] Il est dangereux toutefois d'exagérer la pente près des ruisseaux en la faisant brusque et rapide comme on peut le remarquer rue Saint-André, à l'angle des bâtiments des Archives, près les Halles, rue de la Quennette, rue de Roubaix, etc., etc. Il y a une foule de rues où les tournants des embranchements ont des ruisseaux très-dangereux.

En arrivant ainsi à la construction des trottoirs, nous nous trouvons en présence d'un arrêté municipal parfaitement motivé, mais qui prouverait au besoin, par les résultats obtenus, combien en matière administrative il faut de précision et de fermeté exempte de toute tolérance ; nous aurons donc à profiter de l'expérience acquise.

Les bordures actuelles, considérées comme faisant partie du trottoir, ne sont à vrai dire que des bordures de pavé, taillées sur deux faces ; leur épaisseur de 10 à 15 centimètres à la tête, renflée un peu vers le ruisseau, diminue vers la queue pour se terminer en pointe. Posées ainsi sur un sol compressible, privées d'appui vers la chaussée, elles cèdent facilement à un choc, à une forte gelée, au tassement des dalles du trottoir ; elles se déjettent et se renversent comme on le voit sur un grand nombre de points où les vides, laissés ainsi entre les pavés, des saillies fermées par l'angle interne devenu supérieur, arrêtent le pied des passants et produisent des chutes d'autant plus graves, que le pavé formant le revers, loin de soutenir la personne qui a perdu l'équilibre, présente une surface glissante qui l'entraîne au fond du ruisseau. Cette défectuosité s'aggrave en quelques endroits par l'élévation incroyable des trottoirs qui atteignent jusqu'à 25 et 27 centimètres [1]. On avait, à l'époque de la création, pensé qu'une hauteur de 18 centimètres était nécessaire, et l'on a toléré des exagérations graves comme l'expérience l'a démontré, car c'est une des causes les plus réelles des nombreux accidents auxquels ont donné lieu les trottoirs de Lille.

A cette époque aussi, on avait encouragé un mode de les confectionner fort agréable à l'œil, très-favorable au maintien de la propreté, mais bien funeste, en définitive, à la circulation.

---

[1] Cent vingt côtes ont été relevées avec soin (nous pourrions citer les numéros des maisons) dans les rues de Paris, de Tournai, Mahieu, des Sabuteaux, Saint-Sauveur, des Tours, de Gand, place Saint-Martin, rue d'Angleterre, Négrier, Marais, Voltaire, du Gros-Gérard, des Bouchers, des Canonniers, du Maire, des Jardins, de Roubaix, Saint-Jacques, Basse, de la Barre, de l'Hôpital-Militaire, Saint-Étienne. Toutes les hauteurs mesurées varient de 20 à 27 centimètres, les plus répétées sont 22 et 23 centimètres.

Le dallage en pierres de taille [1], de Tournai ou de Marquise, que l'on remarque devant quelques maisons de nos principales rues, a causé bien des accidents plus ou moins graves. Les temps de neige, de verglas, les pluies même, ainsi qu'une forte sécheresse, rendent ces surfaces polies par le frottement, extrêmement dangereuses.

La précipitation (dont il faut reconnaître l'utilité à certains égards), mise à réaliser ces trottoirs, entraîna plus d'un inconvénient. Nous venons de parler de la faveur avec laquelle était accueilli le dallage, mais l'article 3 de l'arrêté du 9 avril 1835 laissait à chaque riverain la liberté d'opter entre quatre espèces de matériaux [2]; de sorte que la tolérance aidant à l'égard des dimensions, de la taille et de la pose, l'aspect, la forme et la viabilité de cette partie importante de la voie publique change pour ainsi dire de maison à maison. Si quelques personnes ont fait usage de grès équarris plus ou moins finement taillés, la généralité a mis en œuvre ceux qui couvraient jadis les accotements (flégards), ou qui provenaient des déchets de la chaussée. Les uns, propriété du riverain, comme les autres achetés à vil prix, étaient fort irréguliers. Il en est résulté une surface rugueuse et flachée qui retient longtemps les eaux pluviales ou ménagères.

Nous avons aussi lieu de regretter que l'article 5 de l'arrêté précité n'ait point été plus rigoureux relativement à la manière dont devaient se faire les écoulements d'eaux provenant des habitations riveraines. Quelques propriétaires les ont amenés sous le trottoir par un aqueduc qui débouche au ruisseau en le recouvrant ici d'un dallage ordinaire, là d'un grillage en fer forgé plus ou moins mal

[1] La nature des dalles employées à Paris et à Londres, pour les trottoirs qu'on exécute sans bordures, est une pierre meulière non susceptible de poli, de sorte que le pied y est toujours ferme.

[2] La surface des trottoirs pourra être pavée :
« 1° En grès équarris et pierres plates de grès ;
« 2° En dalles de Landrethun ;
« 3° A la cendrée en grès de 14 à 17 centimètres (on a toléré 11 à 15) ;
« 4° Au sable en grès des dimensions ci-dessus énoncées. »

assuré, et dont les barettes sont souvent écartées à ce point que les cannes, les parapluies sur lesquels on s'appuie, l'extrémité même des pieds s'y trouvent facilement engagés. Les autres constructeurs ont laissé l'écoulement se faire à ciel ouvert dans une dépression du trottoir, par les tuyaux de descente des eaux pluviales ou par les goulottes des maisons qui débouchent à différentes hauteurs et lancent à l'improviste leurs jets sur le chemin que doit suivre le piéton. Dans la mauvaise saison, ces eaux s'arrêtent longtemps là où la surface du trottoir n'est pas bien entretenue (et les exemples en sont nombreux), de sorte qu'au moment des gelées elles forment des bancs de glace accrus chaque jour et qui occasionnent des chutes souvent fatales.

C'est, il faut le dire, en contravention aux prescriptions municipales, que les propriétaires modifient suivant leurs convenances la pente, la direction et la hauteur du trottoir, pour faciliter l'accès de leurs habitations. Les grandes portes sont partout annoncées par une différence dans le niveau et la pente du trottoir, et il faut une extrême attention pour n'être pas victime de ces inégalités, souvent compliquées, de tous les défauts signalés précédemment, de dallage glissant, de goulottes ou ruisseaux doubles, triples, jetés à travers le trottoir; de flaches d'eau produites par les élévations, les renversements des pavés, etc., etc.[1] On semble ne pas comprendre qu'il faut avant tout niveler la voie publique[2], et que les différences facultatives des hauteurs du sol des habitations ne doivent se raccorder que dans l'intérieur par des dispositions convenables. Il est bien vrai que pour les voitures, l'élévation même des trottoirs ajoute une difficulté à l'appropriation; alors, sentant que le peu

---

[1] D'après les mesures données lors de la création, les contre-pentes devant les portes cochères devaient s'étendre à 1 mètre 80 de chaque côté.

[2] Rien n'est simple et facile comme les dispositions prises à Paris : le trottoir étant moins élevé, 12 centimètres, s'abaisse encore graduellement et obliquement devant les grandes portes, mais il y reste toujours une élévation formant ruisseau, de sorte que la transition est insensible,

d'étendue de l'accotement semble nécessiter une obliquité contre laquelle nous élevons nos réclamations. Les marches qui conduisent aux habitations sont aussi, dans quelques rues, des entraves excessivement regrettables à la circulation.

Nous savons quel est le respect dû aux droits acquis, mais nous savons aussi combien sont plus respectables encore les droits de tous; et, alors que sur les grandes routes si larges et si commodes, l'administration des ponts et chaussées est tellement scrupuleuse, qu'elle exige des riverains une régularité souvent gênante et onéreuse pour eux, des sacrifices de terrain, de constructions, de plantations anciennes, etc., nous ne saurions comprendre que, dans les villes, les facilités de la circulation soient entravées par des considérations qu'on serait en droit de dire mesquines, au prix des grands intérêts qui sont en présence.

Les constructions modernes, d'ailleurs, ne sont pas plus surveillées que les autres, il faut bien le dire, et, de cette façon, l'abus tend à se perpétuer.

« L'article 3, titre 2, de la loi du 24 août 1790, confie tout ce « qui intéresse la sûreté et la commodité du passage dans les rues, « quais, places et voies publiques, à la vigilance et à l'autorité des « municipalités. » Les magistrats de Lille n'ont jamais oublié qu'il y avait pour eux plus qu'une question de compétence, qu'ils ne pouvaient se soustraire à une certaine responsabilité morale; et il n'a sans doute manqué à leurs tentatives, à leur bon vouloir, que la fermeté dans l'exécution, la persévérance dans les répressions. Car les considérants de l'arrêté du 9 avril 1835 pourraient encore se prêter admirablement à la situation présente et motiver de nouvelles mesures, comme alors on peut dire : « Que les flégards ou espaces « compris entre les façades des maisons et les fils d'eau bordant les « chaussées des rues (traduisez trottoirs) n'offrent pas en général un « passage *sûr*, *commode* et *facile*; que plusieurs sont pavés en petits « grès *mal assis* et *mal joints*; que les pentes prescrites par les règle « ments n'y ont pas été observées; qu'ils sont souvent *mal raccordés* « *à la limite des propriétés* et y forment des *ressauts dangereux*;

« que l'administration municipale *a le devoir de faire cesser cet état*
« *de choses* et de prescrire des dispositions propres à faire jouir le
« public d'un passage commode sur les (trottoirs); qu'elle doit
« veiller à ce que ceux qui sont en mauvais état soient réparés ou
« reconstruits, en observant des pentes et contre-pentes conve-
« nablement fixées, et en employant des matériaux qui ne compro-
« mettent pas la sûreté des passants, etc., etc. »

Parmi les causes qui viennent compromettre cette sûreté de la circulation, nous avons encore à noter celles qui résultent, dans nos rues les plus étroites, des dimensions exiguës qui rendent les trottoirs plus dangereux qu'utiles. On a cherché à donner à la voie au moins 6 mètres, sans s'occuper de ce que devenaint les piétons sur les trottoirs, et, en suivant aveuglément cette indication, on est arrivé à un grave défaut. Dans les rues qui ne livrent passage qu'à une seule voiture, on a souvent laissé un espace beaucoup trop large à cet effet, en restreignant le trottoir à une simple bordure contre les maisons. Lorsque les piétons sont rencontrés par une voiture dans ces défilés, leur position devient très-critique, car le trottoir est inaccessible; au pied se trouve le ruisseau, et bien souvent le véhicule, dont l'essieu fait saillie de 10 à 15 centimètres, est entraîné irrégulièrement de droite ou de gauche, soit par l'effet du bombement de chaussée, soit en hiver par l'effet des glaces. Evidemment sur plusieurs points il est indispensable de réduire la voie et d'élargir les trottoirs de manière que les piétons puissent y trouver un refuge; mais ce n'est pas seulement dans les rues étroites que l'élargissement des trottoirs serait désirable; dans beaucoup de rues, ils sont si étroits, si difficiles, si encombrés, que les piétons sont forcés, à leurs risques et périls, de circuler au milieu des voitures. (Les rues de Paris, de la Quennette, de la Monnaie, etc.). On exécute dans la capitale des remaniements très-importants en ce sens qu'on ne laisse que rigoureusement la voie nécessaire à l'entre-croisement des voitures pour restituer aux piétons les facilités auxquelles ils ont droit.

Nous ne saurions passer non plus sous silence les embarras et les dangers permanents ouverts sur les trottoirs par les caves habitées ou à usage de magasin. Au mépris des arrêtés qui fixent[1] la saillie que peuvent avoir ces orifices, de ceux qui limitent aussi l'espace que peuvent occuper les marchandises exposées en dehors des magasins, on voit jusque dans les rues les plus étroites, là où les trottoirs sont les plus nécessaires, des ouvertures béantes jusqu'à la bordure du ruisseau ; on voit des portes ouvertes en saillie à angle droit, des paniers, des fruits, de la ferraille, des vieilleries envahir tout le trottoir sans le moindre souci des passants. Un pareil laisser-aller ne saurait se justifier sous le prétexte spécieux de faciliter, de favoriser le petit commerce. Personne ne soutiendra assurément que les petites industries aient été annulées à Paris, à Londres, depuis que rien, absolument rien, ne peut faire saillie sur le parement extérieur des murs de façade, et où, certes, on ne toléreraient pas sur le passage public ces ouvertures, qui ont déjà occasionné des accidents de plus d'un genre.

Il est grand temps que l'administration municipale prescrive la réparation immédiate des trottoirs les plus dégradés, qu'elle ordonne pour cause de sûreté publique le raccordement des bordures déjetées, des enfoncements et rentrées[2], qu'elle fasse, dans l'intérêt de la salubrité, réparer ausis les ruisseaux défectueux ; qu'elle statue pour l'avenir de manière à arriver progressivement à une uniformité plus satisfaisante sous tous les

---

[1] On avait accordé 40 centimètres de saillie à l'ouverture des caves qui devaient être recouvertes par une dalle en bois de 5 centimètres d'épaisseur. Mais, par suite de réclamation, on a toléré une dalle mobile de 35 centimètres, ce qui amène des ouvertures de 75 centimètres en saillie sur les trottoirs ; et, comme les caves habitées, les caves magasins sont presque toujours ouvertes, le public doit descendre sur la voie.

[2] Au moment où nous terminons ce travail, nous voyons exécuter sur plusieurs points ces raccordements, et nous croyons n'être pas tout à fait étrangers à ces réparations ; mais comme on ne modifie en rien le système ancien, on persiste à asseoir les grès sur la boue desséchée, nous pensons ne devoir rien changer aux conseils que nous avons formulés.

rapports de cette partie de la voie, dans le sens des observations précédentes.

Les dispositions dont il vient d'être question auront par elles-mêmes une influence très-marquée sur la salubrité; mais il ne suffit pas que les rues, faciles d'ailleurs pour le trafic, soient facilement aussi balayées, lavées, entretenues sans qu'il se produise une immense infiltration sous le sol. Il faut encore que l'air, que la lumière y circulent largement; il faut qu'aucun obstacle ne s'oppose à l'asséchement des pavés; il faut que l'oxigène de l'air arrive en proportion suffisante pour la combustion des matières organiques, qui, malgré toutes les précautions, se déposent sur le sol, où (suivant les belles recherches de M. Chevreul) elles tendent à se transformer en sulfures à la faveur des eaux chargées de sulfates, et donnent ainsi naissance aux gaz les plus méphitiques, les plus vénéneux; il faut que les habitations qui bordent la rue subissent l'influence des plus précieux agents de la santé, l'air et la lumière. Comment dès lors admettre qu'il soit loisible à tout propriétaire d'exhausser son habitation au détriment de ses voisins de la rue entière, c'est-à-dire quand celle-ci n'a pas des dimensions telles que l'aération, l'insolation, puissent s'y opérer indépendamment de la hauteur des maisons.

On voit à Lille des courettes, des rues étroites où l'ouvrier a dû, par économie, chercher un logement, tout à coup masquées et comme enterrées par l'élévation d'une fabrique ou autre bâtiment qui intercepte ainsi ce qui était destiné à tous les voisins (rues Doudin, des Célestines, des Tanneurs, etc.). Cependant les rues grandes et larges ne manquent pas à Lille, et offrent des emplacements propres à créer les plus grands établissements. Mais à l'exclusion des fabriques, quand une ville est limitée par des murailles, quand elle ne peut suffire par des dilatations latérales à l'accroissement de ses habitants, on voit ceux-ci chercher dans la hauteur des constructions à combler le déficit. Mais alors il est du devoir de l'autorité administrative d'imposer des limites au droit de la propriété individuelle, puisque l'exercice de ce droit porte atteinte à la propriété de chacun, elle

doit arrêter que les constructions ne pourront s'élever que suivant
une échelle déterminée par les dimensions de la rue.

Que des prévisions aussi simples et en même temps aussi sages
aient échappé aux siècles précédents, cela se comprend jusqu'à un
certain point, car il était bien rare de rencontrer de hautes habitations; mais il n'est plus permis de rester étranger aujourd'hui aux
grandes vérités hygiéniques qui se font jour au sein des populations[1].

On est heureux de voir en pareille matière le chef de l'État poser
des jalons et des réserves dans le décret du 20 mars 1852, que
nous regrettons vivement ne pas voir encore appliqué à la ville de
Lille. — Décret que, pour le dire en passant, on est disposé à inter-
préter dans des limites beaucoup trop étroites en supposant qu'il
suffit de reculer une construction de quelques centimètres pour
échapper aux exigences salutaires qu'il renferme.

L'article 5 de cet arrêté renvoie à un décret ultérieur rendu
dans la forme des règlements d'administration publique, « ce qui
« concerne la hauteur des maisons, les combles et les lucarnes. »

Privés de guides de ce côté, nous n'en devons pas moins essayer
d'apporter quelque lumière dans la question; et nous ferons remarquer d'abord que la direction des rues relativement aux vents
régnants et à l'insolation, que leurs jonctions, leurs embranchements, sont des considérations d'une telle importance hygiénique,
qu'il doit en résulter des modifications dans les règles à suivre en
ce qui concerne la hauteur des maisons.

Ainsi, il est facile de comprendre qu'une direction du nord au
sud favorisera l'assèchement du pavé de la rue et que la chaleur
solaire y activera la décomposition des matières organiques; que

---

[1] La publication périodique, si éminemment civilisatrice de M. Ed. Charton,
commence dans le numéro de janvier dernier un premier article parfaitement dicté à ce sujet, et qui en fait espérer une série d'autres non moins
intéressants.

les rues ouvertes aux vents du sud-ouest habituels dans nos climats seront balayées sans cesse par des courants utiles ; que les directions est-ouest seront moins heureuses, soumises aux vents humides de l'ouest, aux pluies abondantes qu'ils amènent, ces rues sècheront difficilement si elles n'ont pas une grande largeur. Les rues obliques à celles sus-indiquées subiront relativement les conséquences de ces directions ; les rues sinueuses, tortueuses, offrent les plus grands obstacles au renouvellement de l'air. Elles impliquent la nécessité de moins élever les constructions et d'élargir la voie.

L'ouverture de places publiques, de carrefours nombreux, ajoute beaucoup à l'assainissement des villes en multipliant les tourbillons, en entraînant par des différences variées de pression les masses d'air disposées à stationner dans les embranchements des grandes artères. Aussi faudra-t-il s'attacher dans le percement ou l'élargissement des rues à faire coïncider les affluents, autant en vue de l'hygiène que des facilités de communication.

Il est évident, d'après ces prémisses, que chaque rue, suivant ses dispositions particulières, devrait donner lieu à une réglementation toute spéciale ; et il serait désirable qu'il en fut ainsi. Mais il en résulterait, on le conçoit, une trop large part à l'arbitraire pour que l'on puisse tout abandonner à l'appréciation qu'il est sage de réserver pour les cas exceptionnels, en traçant des règles générales pour l'application.

En principe, les dimensions devraient être calculées de manière à ne jamais donner plus de hauteur aux constructions riveraines que la rue n'a de largeur, de telle sorte qu'à 6 mètres de largeur de voie, les habitations qui la bordent n'aient pas plus de 6 mètres de haut à la naissance du toit, dont la pente serait aussi déterminée, qu'à 12 mètres de large la rue ne soit bordée que de constructions élevées au plus de 12 mètres, et ainsi de suite.

Cependant les faits accomplis, les bâtisses solidement élevées depuis longtemps, consacrent des droits imprescriptibles en quelque sorte ; la nécessité de loger, dans les centres industriels et notamment dans les villes de guerre comme Lille, une population serrée et indispensable à leur activité, impose des bornes à l'amour du bien et doit faire fléchir une règle dont la sévère application serait par trop subversive de l'état de choses. Aussi, après s'être rendu compte de l'influence précitée de la hauteur des maisons sur l'assainissement de la voie publique, après avoir pesé également les considérations qui précèdent, est-on amené à penser que l'échelle pourrait être fixé comme suit :

1° Au-dessus de 3 mètres de largeur, ne pas admettre d'habitation front à rue et limiter les murs de clôture à 4 mètres au-dessus du sol ;

2° De 4 à 6 mètres, les façades n'auraient pas plus de 8 mètres de haut, et le toit finirait avec une pente de 50 degrés au maximum ;

3° De 6 à 8 mètres de largeur, 10 mètres de façade avec toit en pente de 60 degrés au maximum ;

4° De 8 à 10 mètres, les façades pourraient s'élever à 15 mètres avec pente de toit facultative ;

5° De 10 à 12 mètres au maximum, 20 mètres de façade ;

6° Au-dessus de 12 mètres, hauteur illimitée.

Sur ces bases, la ville ne prendrait désormais à sa charge aucun passage qui ne soit établi conformément aux indications qui précèdent ; et elle exigerait la fermeture, comme propriété particulière, de toutes les courettes ou passages non acceptés.

Rien n'empêcherait d'ailleurs les constructeurs de prendre l'élévation convenable à leurs dessins, mais en retrait des façades de manière à rentrer dans les limites posées. On aurait ainsi un résultat précisément inverse à celui des anciennes rues quelquefois recouvertes dans le haut par les empiétements des maisons latérales qui arrivaient au point de se toucher par les pignons.

Les plates-formes qui résulteraient de ces retraits ne seraient pas sans agrément pour l'œil en rompant la monotonie des lignes droites. Elles ne seraient pas sans charmes pour les habitants, car elles seraient souvent transformées en jardins suspendus.

Les plantes, même de petite dimension, exercent sur l'air environnant une influence des plus favorables, et toutes les facilités accordées à leur introduction dans les villes auront des résultats heureux. Elles assainissent, elles moralisent à leur manière ; en égayant l'habitation, en demandant quelques soins de culture ; elles ramènent au logis, elles contribuent au bonheur domestique, c'est encore de la santé.

Les plantations d'arbres de toute nature sont à juste titre recherchées dans les villes. Les arbres absorbent, par leurs racines, les matières en décomposition (voir encore le travail de M. Chevreul et ceux plus anciens de Franklin) ; ils purifient l'air par la respiration qui s'effectue dans les feuilles ; ils procurent un abri durant les chaleurs ; mais à côté des avantages peuvent se rencontrer aussi des inconvénients, si l'ombre qu'ils projettent s'oppose à l'assèchement du sol ou des habitations. Il faut donc des lieux parfaitement convenables et des essences appropriées aux locaux.

La ville de Lille offre bien peu de terrain où il soit possible d'en espérer quelque bienfait. Il est vrai que l'espace réservé aux fortifications, que les plantations dont celles-ci sont couronnées, contribuent puissamment à la salubrité ; néanmoins l'esplanade du Réduit (Saint-Sauveur), la rue de Fives, celle de Saint-Sauveur dans sa partie la plus large, pourraient avantageusement, pour le quartier, recevoir des arbres de moyenne taille convenablement espacés. Rien de ce qui peut contribuer à la santé ne saurait être négligé par une administration sage : et ce doit être pour elle une bonne fortune de pouvoir joindre l'agréable à l'utile.

En résumé, nous avons eu pour but dans ce chapitre de réclamer comme amélioration progressive :

1° De n'employer désormais aux grands travaux de pavage qu'un balast imperméable ;

2° De ne faire usage dans les rues de grand trafic que de grès porphyriques taillés en parallèlipipèdes de 22 centimètres sur 14 ;

3° De ne point rejeter trop facilement les grès dits hors de service, mais de les faire trier avec soin suivant leurs dimensions pour les asseoir sur un balast imperméable dans les rues de moindre importance ;

4° De faire redresser les ruisseaux en les rejetant contre les bordures des trottoirs et y faisant usage du balast à la chaux hydraulique ;

5° De faire redresser les bordures déjetées des trottoirs ;

6° De diminuer l'élévation de ceux-ci, ce que tend à produire la modification ci-dessus indiquée pour les ruisseaux ;

7° De faire supprimer partout les dallages en pierre de taille, lisse et glissante ; d'exiger dans les reconstructions des grès taillés à la grosse pointe de 15 centimètres sur 18 à la tête, balastés et cimentés ;

8° D'exiger que les écoulements d'eau pluviale et ménagère, provenant des maisons, se fassent sous le trottoir à l'aide de goulottes en fonte [1] ;

9° De régulariser les pentes et contre-pentes établies devant les portes charretières ;

10° D'élargir certains trottoirs dangereux par leur exiguité ;

11° D'apporter la plus grande sévérité (sinon de les supprimer entièrement) sur les ouvertures de caves avancées dans la rue [2] ;

---

[1] Il serait mieux encore d'exiger que les eaux soient immédiatement dirigées dans les égouts publics lorsqu'il en existe dans les rues. (Les propriétaires voisins pourraient s'entendre pour profiter du même aqueduc.)

[2] En pareille matière, comme pour les étalages, il faut savoir trancher dans le vif, les demi-mesures sont souvent nuisibles.
Le service des cantonniers urbains serait ici de la plus grande utilité.

12° De proscrire entièrement les étalages extérieurs qui envahissent les trottoirs et y causent des embarras de toute nature;

13° De limiter la hauteur des constructions relativement à la largeur des rues et comme moyen d'accepter le décret impérial du 20 mars 1852;

14° Enfin, de favoriser les plantations en ville et d'en exécuter sur les points cités.

www.ingramcontent.com/pod-product-compliance
Lightning Source LLC
LaVergne TN
LVHW051515090426
835512LV00010B/2535